高橋洋子

100万円からの空き家投資術

E出版

はじめに

日本には今820万戸もの空き家があります。空き家は今後も増え続け、2020年の東京オリンピックの年には1000万戸に達するともいわれています。

こうした深刻な状況のなか、あなたは空き家がお金になることをご存じでしょうか。空き家を元手にお金を増やすことを「空き家投資」と呼びます。人が住まなくなり、「汚い」「暗い」「臭い」の3Kといわれる空き家も、アイデアしだいではお金を出しても「借りたい」「買いたい」ものに変わります。

現在「空き家投資」をしている人の月収は、30万~500万円、なかには家賃収入で年収が6000万円を超える人もいます。副業で始めたものの本業の収入を超え、脱サラする人もいるほどです。

じつは、私も5年前に東京都内の空き家を買いました。屋根が吹き飛び、雨が降れば家のなかは水浸しで、カビだらけの築37年の〝廃墟〟でした。それを新築同然にリノベーションして暮らしています。費用は新築でマイホームを買う場合の6〜7割で収まり、ずいぶん得した気分になっていました。

しかし、リノベーションの魅力を広める活動をしているうちに、私よりもずっと安く、桁違いの価格で空き家を手に入れ、再生させているケースを知りました。

首都圏で豪邸ともいえる立派な一戸建てが100万〜300万円台で売買されたり、地方では100円で売られていたり、なかにはタダでもらい手を探しているケースもあるのです。

格安でも手放したいと思っている家の所有者には、事情があります。親の家が空き家になり、「売るに売れない」「貸すに貸せない」「壊して更地にすると税金が増える」と悩んでいる人が多いのです。


でも、いつまでも悩んではいられません。なぜなら、2015年5月に空き家特別措置法が施行され、倒壊の危険がある空き家は、固定資産税が6倍に跳ね上がることになったからです。これでは所有しているだけで、お金が出ていきます。

そんな今こそ、空き家投資を始めるチャンスです。空き家投資は、すでに持っている空き家や低価格で売りに出されている空き家を元手にするため、お金をかけずに始められます。かけたとしても、100万円から始められます。

空き家を片付け、簡単にリフォームをして、賃貸で人に貸したり、売却したり、はたまたそこでオフィスを構えたり、英会話教室を開いたりと、賢く運用することができます。

特別な技術や資格がなくてもできるため、主婦や会社員の方でもうまくいくケースが多く見られます。首都圏はもちろん、大都市の郊外でも、地方都市でも、成功事例があります。

ただし、投資には当然リスクが伴います。人口が減りつつある日本で、「空き家に住む人などいるのか？」「メンテナンスにお金がかかるのではないか？」と不安に思う人もいるでしょう。ところが取材を進めるなかで、成功している人たちは「タダ同然の空き家を使えば、リスクは低い」「まだまだ可能性がある。青天井だ」「これほど儲かる投資はない」と、確信を持って言うのです。

さらに、日本の人口が減っても外国人旅行客が増え、ホテルは予約できないほどのにぎわいです。そこで、旅行者に家を貸し出す「民泊（みんぱく）」「Ａｉｒｂｎｂ（エアビーアンドビー）」拡大の可能性も高まっています。

空き家投資をしている人たちは、株や先物取引、ＦＸなどさまざまな投資を経験し、空き家投資の魅力を強く感じています。ほかの投資であれば、失敗したら紙切れしか残らないこともありますが、空き家投資なら、たとえ失敗したとしても土地が残ります。狭い島国の日本では、土地には一定の価値があります。

株や投資信託などは、自分ではコントロールできませんが、空き家投資はいくらで貸すか、どう活用するか、リフォームにどれくらい手をかけるか、どんな人に住んでもらうかなど、すべて自分で決定し、管理することができるのです。

資金力のある投資家や不動産業者は、空き家にはあまり目を向けません。新築や鉄骨のアパートを建てて貸したり売ったりしたほうが安定した利益になり、税金対策にもなると考えているからです。

マイホームが欲しい層も、ボロボロの空き家などには見向きもしません。快適に暮らせるとは、夢にも思わないからです。業者もマイホームが欲しい層も、見向きもしないボロボロの空き家。そこに参入するチャンスがあります。

空き家を有効に活用して、家計や年金の足しにしたり、老後資金に備えたり、少しでもお金になることを考えてみませんか。

じつは今、10年以上不動産投資を行っているベテラン投資家さえも、空き家投資に目を向けています。不動産投資が過熱している今、投資用のアパートや築年数の浅い物件は、金額が吊り上がり、利回りが低くなっているからです。そこで安く売られている空き家を購入することで、高い利回りを狙えるのです。

本書では、空き家投資の仕組みと、初心者からベテラン投資家までのさまざまな実例を紹介します。

２０１５年12月

高橋 洋子

100万円からの空き家投資術——目次

第1章

今、「空き家投資」が魅力的

第2章

お金になる空き家の探し方

第3章

空き家で稼ぐ3つの方法

第4章

お金を稼げる家のリフォーム

第5章 リスクを減らして空室を運用する

第6章

空き家活用の達人ワザ

装幀 加藤愛子(オフィスキントン)
DTP NOAH

第1章

今、「空き家投資」が魅力的

全国820万戸の空き家がお金を生む

「空き家」というと、みなさんはどんな建物をイメージしますか。何年も人が住んでいない木造一戸建てでしょうか。

じつは空き家は、一戸建てに限りません。賃貸マンションやアパート、別荘でも、人が使っていなければ立派な空き家です。

国は「1年以上使われていない建物」を空き家と定義しています。たった1年使っていないだけで、空き家と言われてしまうのです。

では、数はどのくらいあるのでしょうか。総務省は5年に1度、「住宅・土地統計調査」を行い、空き家について調べています（**次ページ図上**）。その推移を見ると、右肩上がりで増え続け、現在、全国に820万戸もあることがわかります。

この5年で63万戸、その前の5年では98万戸も増加。1年で約16万戸ずつ増えていることになります。東京オリンピックが開かれる2020年には、1000万戸に届く勢いです。

■空き家の状況

▼空き家の数と空き家率の推移

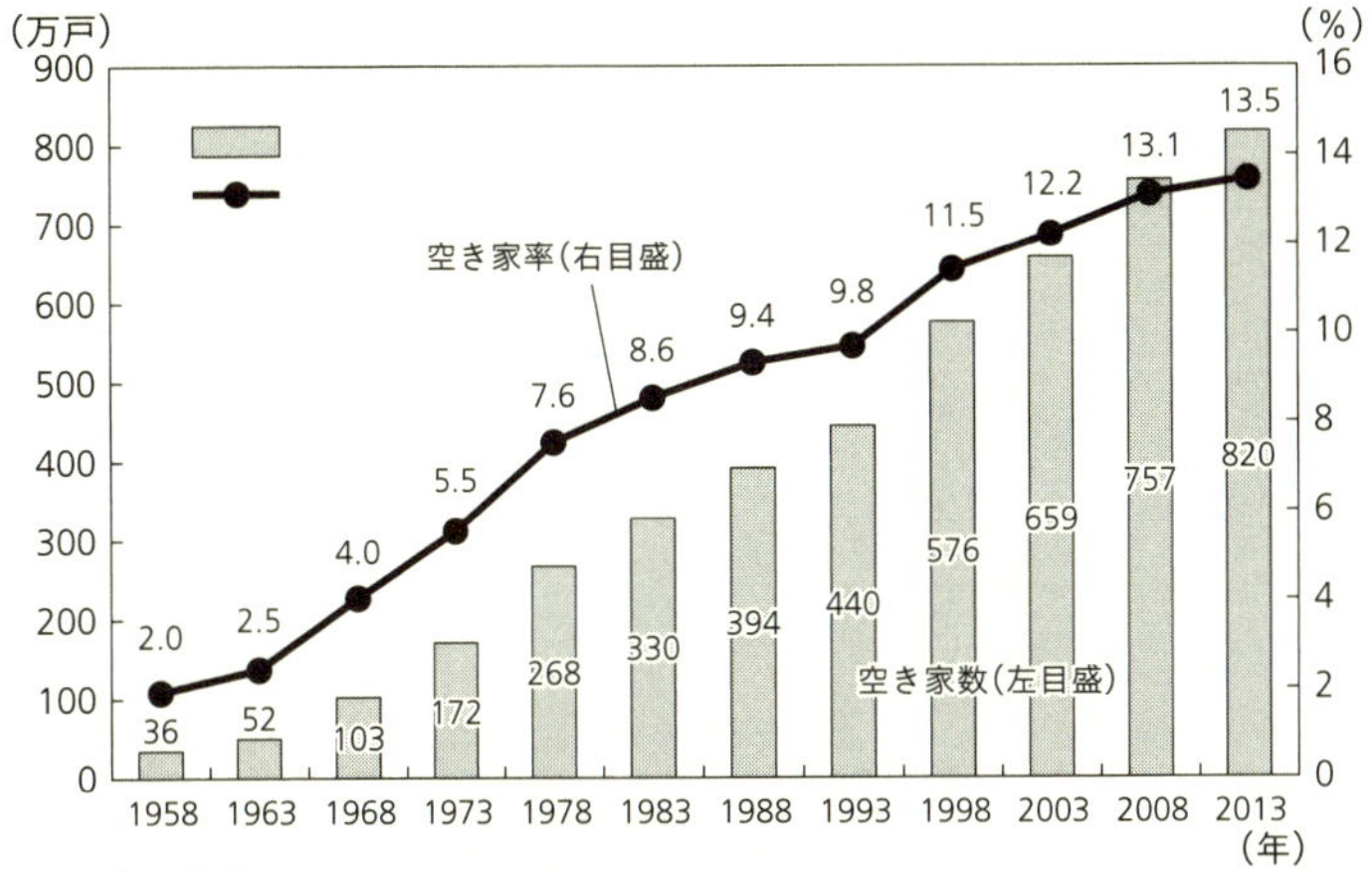

▼空き家の内訳

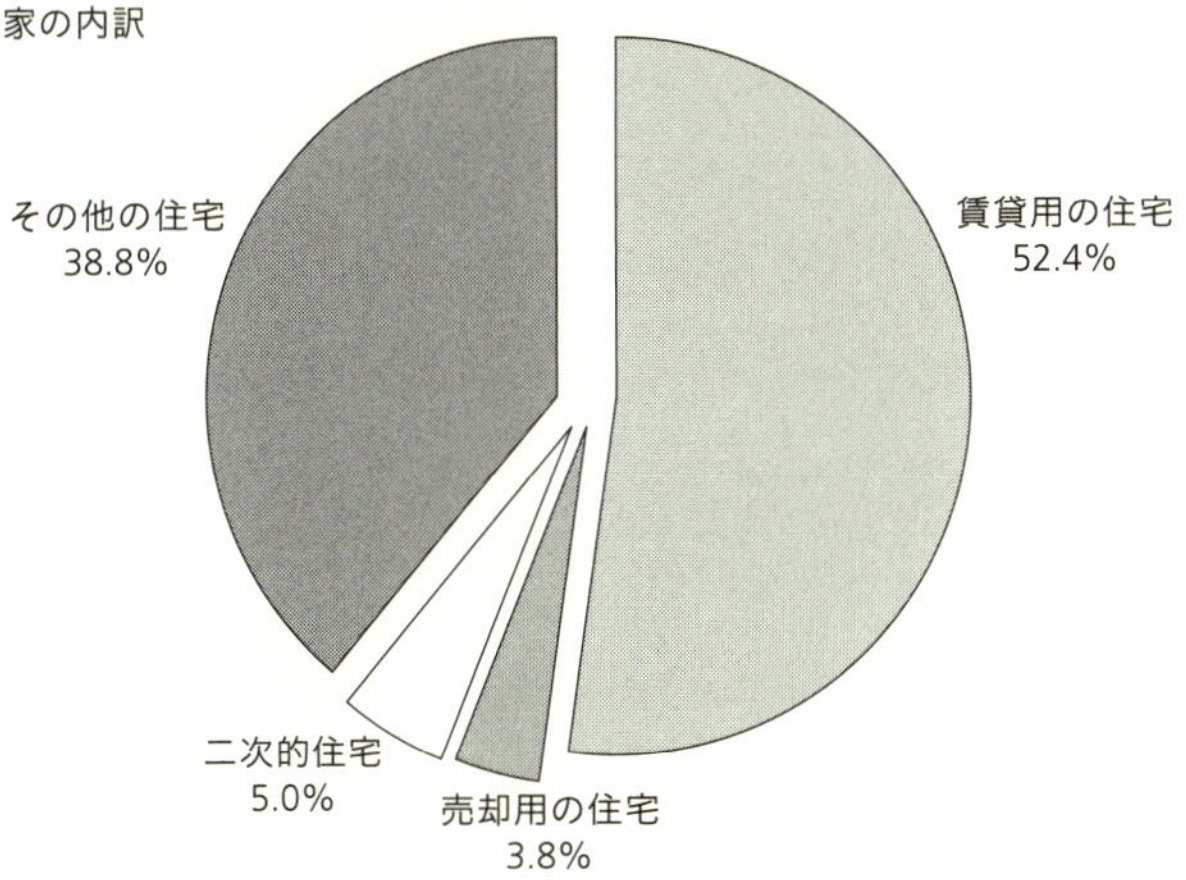

出典：総務省「平成25年住宅・土地統計調査」

さらに空き家の内訳に目を向けると、意外なことがわかります（前ページ図下）。その半数以上が、なんと「賃貸住宅」なのです。戸建ての貸家、賃貸マンション・アパートです。空き家になって困っている人の半数は、空室だらけの賃貸物件を持っている大家さんや、不動産投資家だったのです。

次に多いのが空き家の4割を占める「その他の住宅」。これは使わないまま放置されている個人の持ち家です。その次が「二次的住宅」、つまり別荘です。

空き家の内訳を見て、勘のいい人はこう思うでしょう。

「空き家の半数が賃貸物件なら、素人が手を出したところで空室は埋まらないだろう」

私もそう思いました。また、税金対策のために空室のままにしている人もいるかもしれません。しかし取材を進めていくと、空き家でビジネスをしてうまくいっている人は、まったく別の価値観と視点を持っていることがわかったのです。

空き家が820万戸もあるということは、820万ものビジネスチャンスがあるということです。救いの手を待っている人たちが820万人もいると考えられるのです。

仮に、空き家投資家が増え、1年で5戸再生させる人が100人誕生してビジネスを行ったとしても、1年で16万戸ずつ増加する空き家の、わずか0・3％です。

ということは、需要と供給の関係からいって、今からこのビジネス分野に参入しても、チャンスがあるということです。

日本の人口が減り続けているとはいえ、毎年100万戸近くが新築されています。それほど入居希望者がいることを立証しているのです。

しかし、当然のことながら、ほとんどの人がボロボロの空き家には見向きもしません。これがきれいな部屋に生まれ変われば、みんなが入居したいと思うはずですが、実際にはそうなりません。それは、持ち主が諦めているからです。

再生させれば入居者に喜ばれる空き家は、これからもますます増えていきます。お金に換えることができる空き家という宝の山が、どんどん大きくなっていくのを目の前にしながら、黙って見過ごすのはもったいないことです。

手をつけても手をつけても足りないほど、空き家という市場は拡大していきます。そこは、競争相手を気にする必要がない「ブルーオーシャン」です。空き家投資は、今の時代だからこそ求められているのです。

人口減の時代でも空き家ニーズはある

日本の空き家がこれほどまでに増えている背景には、日本の人口が減っているという現状があります。そのなかで、空き家投資の可能性があるのかと、疑問に思う人は多いでしょう。

そこで、人口が今後どのように減り続けていくのか、日本の人口推移の予測について見ていきます。

国立社会保障・人口問題研究所によると、日本の人口は2010年の1億2805万人をピークに減少に転じ、2048年には1億人を割り、2060年には8674万人になると予測されています（**次ページ図**）。

どれくらい減るのかというと、東京都の今の人口が約1300万人ですから、2060年までに、東京都の3倍以上の人口がごっそり日本からなくなるのです。そう考えると、ちょっとゾッとします。

■日本の人口推移

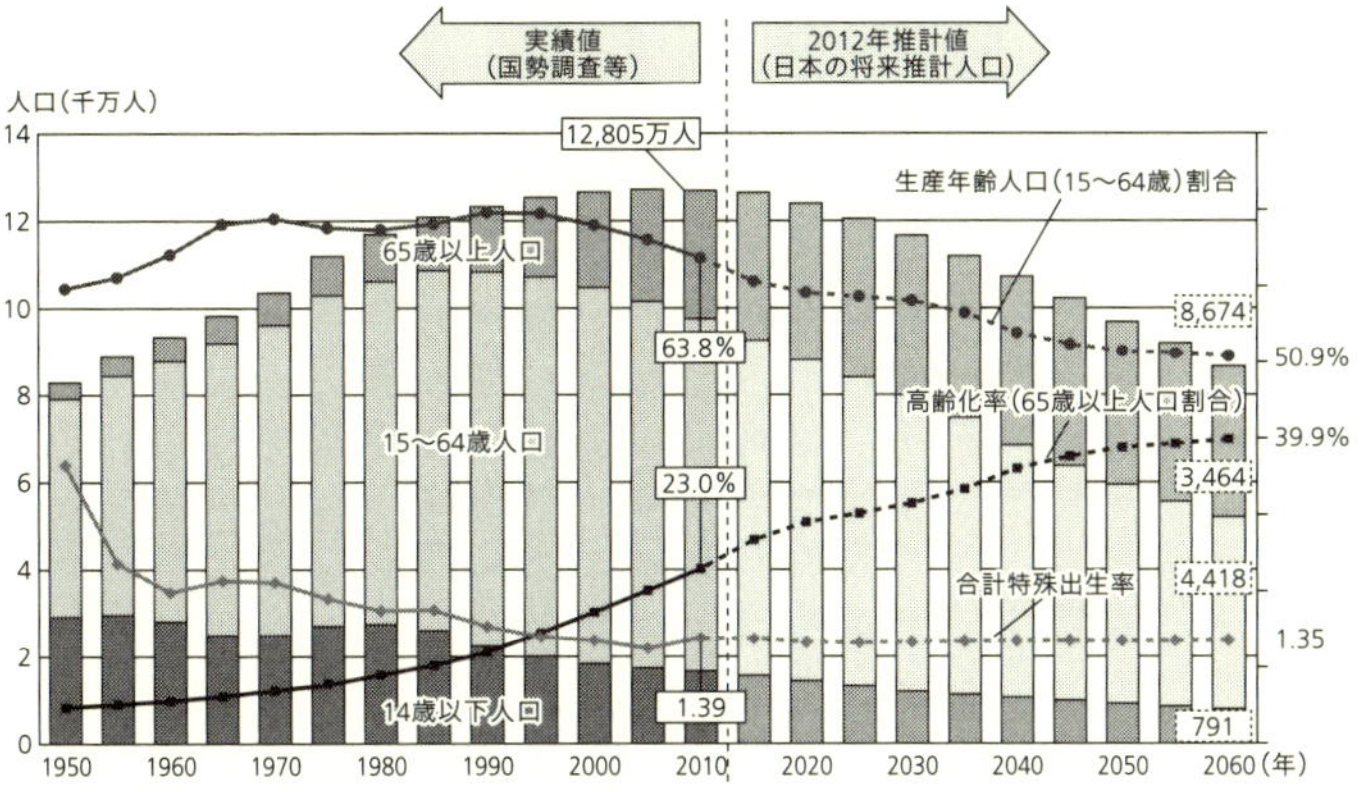

出典：総務省「国勢調査」及び「人口推計」/国立社会保障・人口問題研究所「日本の将来推計人口（平成24年1月推計）:出生中位・死亡中位推計」（各年10月1日現在人口）/厚生労働省「人口動態統計」

また、896もの市区町村が「消滅可能性都市」と言われています。これは、2010年からの30年間で20〜39歳の女性の人口が5割以上減少する市区町村のことです。こうした都市では子どもが増えないことを意味しますから、文字どおり消滅する可能性が高くなるというわけです。街が消滅してしまっては、空き家投資など、成立するはずがありません。

「限界集落」と呼ばれるエリアもあります。過疎化などで人口の50%以上が65歳以上の高齢者で、冠婚葬祭など社会的共同生活の維持が困難になっている集落のことです。

そこで国は「街を縮める計画」、す

なわち「コンパクトシティ」の計画を推進し始めました。これは、医療・福祉施設、商業施設を一定エリアに集約する計画で、地方の急激な人口減少や高齢化に備え、効率のいいサービスを提供するもので、すでに40道府県、175市町村が計画づくりに取り組んでいます。

この人口減への社会政策の動きから、対策しだいでは市、あるいはエリアの人気を保ち人口減少を食い止められる街と、食い止められない街との二極化が進んでいくと思われます。例えば、北海道を見ると、人口が減って地価が下がり続けている地域が多いなかで、下川町だけは日本中から注目を集め、人気を得ています。

下川町の面積は東京23区とほぼ同じです。「持続可能な循環型森林経営」を掲げ、木材を木質バイオマスという再生可能なエネルギーに転換し、公共施設に導入することで、年間1600万円の経費削減効果を生み出しました。浮いた費用を不妊治療の助成金に当てるなど、出産・子育て環境に配慮した取り組みが話題になっています。

空き家投資で大事なことは「人が住みたいと思うところかどうか」、すなわち投資して「勝てるエリア」か「負けるエリア」かをしっかり見極めることです。

■訪日外国人旅行者の推移

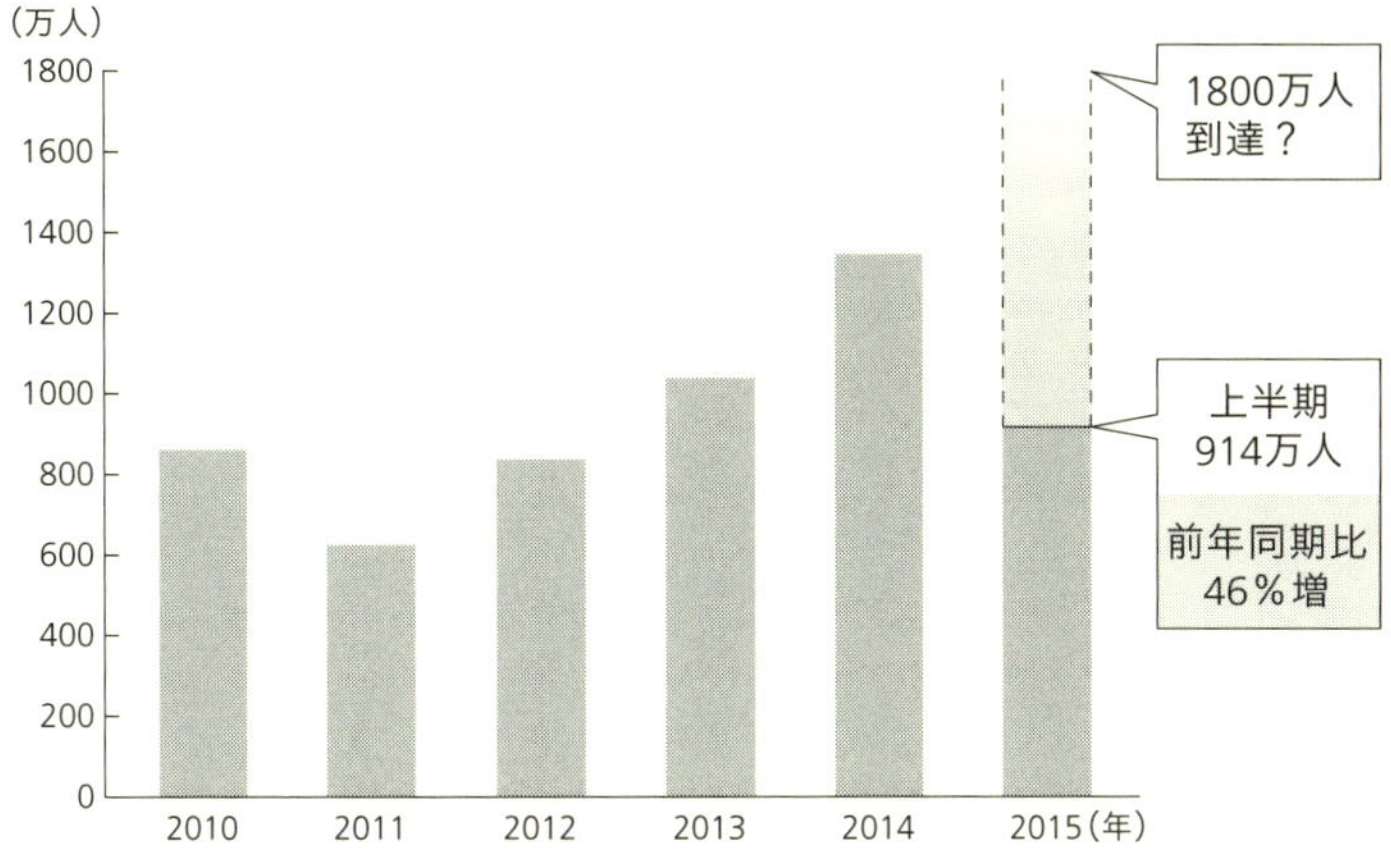

出典：日本政府観光局（2015年6月時点）

すでに人が逃げ出して人口が流出しているエリアと、魅力につられて流入している人気エリアがあります。

東京湾岸エリアでは新築マンションが飛ぶように売れ、23区の多くでは、保育所に入りたくても入れない待機児童の問題が解決できずにいるほどです。東京は人口がますます増えていく可能性があります。

さらに、日本を訪れる外国人が急増していることも、空き家投資に新しい可能性を示してくれます。日本政府観光局が発表している訪日外国人旅行者の推移（**上図**）を見ると、2011年から年間200万人のペースで増えています。

東京オリンピックの開催決定後は、さらに観光客が増え、２０１５年は上半期だけで９１４万人を記録し、年間１８００万人に到達しそうな勢いです。オリンピック開催年の訪日外国人旅行者数予想２０００万人はかなり上方修正されるでしょう。

外国人観光客でにぎわう東京や京都などでは、宿泊施設がすでに不足しがちです。そこに空き家を使うチャンスがあります。自宅や所有する物件を外国人観光客に貸し出す「民泊（みんぱく）」Ａｉｒｂｎｂ（エアビーアンドビー）」や「バケーションレンタル」です。

これは欧米から始まった制度で、日本では個人がお金をとって自分の家や物件に観光客を宿泊させるのは旅館業法に抵触するのではないかと懸念の声もありました。

しかし、ホテルが足りない以上は、オリンピック特需に備えて空き家や空き部屋を使わない手はありません。イギリスでは、ロンドンオリンピックの際に１８００人が空き部屋を外国人に貸し、慢性的なホテル不足のなか、個人宅で世界の観光客を迎え入れました。２０１６年のリオデジャネイロオリンピックに向けて、ブラジルでは２万軒の宿泊施設を準備する計画です。

そこで日本も、「国家戦略特区」に該当するエリアでは旅館業法の適用除外にすることを、２０１５年６月３日に閣議決定しています。さらに、２０１５年11月、日経新聞が２０１６年４月にも全国で「民泊」が解禁されると報じています。場所によっては外国人観光客向けに空き家を貸し出し、お金を得ることは十分に可能ということです。

例えば、私の住むエリアに、５年以上空き家になっている大きな家がありました。それが売りに出たことを、新聞折り込みの不動産会社のチラシを見て知りました。間取りを見ると、部屋数が10室ほどあり、売値は２億円。一向に売れずにいました。ところが、最近、毎日のようにスーツケースやリュックを持った外国人旅行客が出入りするようになりました。どうやら外国人旅行客に貸し出しているようです。

仮にこの１部屋を１泊５０００円で貸したとします。10部屋のうち１部屋に管理人の家族が住むとしても、残りの９部屋×５０００円で４万５０００円。いい収入になります。空き家にしておくよりも、ずっと有効だと思うのです。

本書では、実際にＡｉｒｂｎｂを始めている投資家の星野陽子さんの話を、２１７ページで紹介しています。

首都圏で一戸建てが500万円で買える

私は空き家を買ってリノベーションしてから空き家再生の魅力にとりつかれ、同じように空き家再生をしている人たちへの取材を続けてきました。

驚いたのは、首都圏の一戸建てが５００万円以下で当たり前のように買えることでした。東京都大田区で一戸建てをわずか１５０万円で買った男性や、渋谷区では一戸建てを５００万円で買った女性もいます。

彼らは特殊なルートで物件を探し当てたのではなく、誰でも見られるインターネットの不動産サイトで見つけたそうです。安く手に入れた空き家で、家賃収入を得ているわけです。

素人ではなかなかマネができない方法で、物件を安く入手した人もいました。

神奈川や埼玉で豪邸ともいえるような立派な一戸建てを、競売のなかでも期間内に買い手がつかなったときに行われる「特別売却」や、持ち主が国税を滞納したことにより、国税局や税務署が差し押さえている不動産などを、入札などの方法で売却する制度「公売」といった方法で、180万円、240万円という激安で入手したケースも取材しました（204ページ）。

実際に私も、競売サイトや自治体による公売情報などを調べてみました。首都圏でも千葉や茨城などでは、一戸建てが100万以下で出ていたり、公売でも中央線沿いのマンションが500万円以下で出ているのを見つけることができました。もちろん、安すぎる物件には、管理費が滞納されていたり、犬の糞尿で家のなかが極端に汚れていたりと、マイナスの要素がつきものですが、手の打ちようはあるはずです。

今や、ヤフーオークションでも家が売られています。私がたまたま見つけたのは、埼玉県秩父にある物件で、別荘として使われていた一戸建てが40万円で売りに出されていました。

首都圏でも、500万円以下で買える家がゴロゴロ転がっている時代なのです。

地方なら100円で家が手に入る

首都圏で一戸建てが５００万円以下で買えるのならば、地方ではいったいどれくらいで買えるのでしょうか。

富山県には、一戸建てがたった１００円で買える「１００円不動産」というサービスがあります。空き家や空き地の定期巡回サービスを行っている「ＮＰＯ法人とやまホーム管理サービス」が取り扱っています。

１００円ショップで売られている雑貨と同じ価格で家が買えるとは、衝撃でした。どうしてそれほど安く家が売られているのかというと、持ち主に「価格はいくらでもいいから、受け継いでくれる人を探している」と依頼されるからです。

いざ売ろうとしても、値段がつかなかったり、そもそも不動産業者が近くにいなかったりすることで、どうしようもなく家をもてあましてしまうのです。

このＮＰＯは、多くの建築士や不動産鑑定士、宅地建物取引士、内装業者や解体業者など技術者のボランティアで構成され、１００円不動産の直接売買をサポートしています。みんなで掃除や改修工事を行い、空き家を使える状態にして売却しています。

実際に100円で売られたケースを紹介しましょう。家は築50年、柱や梁は太く頑丈な木造一戸建てです。

輪島塗で知られる石川県輪島の最寄り駅からクルマで40分以上もかかる場所にあります。コンビニやスーパーも近くにありません。売り主の母親が一人で住んでいたものの体調を崩したことをきっかけに、富山県に住む娘さんと同居することになり、空き家のままではいけないと思った娘さんがNPOに相談したのが始まりでした。

購入したのは、60代の男性。NPOのボランティア会員でした。家自体がとてもしっかりしたつくりで、改修したのはトイレと土間だけです。あとはNPOの仲間に手伝ってもらい、掃除をしたそうです。

男性は富山市内に自宅があり、今回購入した家は、NPOの仲間が集まったり、お子さんやお孫さんが遊びに来たりしたときのために活用しています。

ほかにも、富山県内で明治時代に建てられたとされる築100年前後の歴史ある洋風建築の空き家が、100円で売りに出されました。富山県議会の初代議長の家で、数寄屋様式が採り入れられ、茶室付きの風情のある家です。45年もの間、住み手がおらず、空き家になっていたのです。

45年間も、誰も住んでいなかったため、建物の傷みが激しく改修は必要でしたが、100円で買い手が見つかりました。

地方では、100円で売りに出されるほど切実に空き家を抱えて困っている人たちがいます。所有者が100円でもいいから買ってほしいと望んでいるのです。これは逆に言えば、100円で家を買って大家になることができるということです。

ちなみに、100円で今どんな家が売られているのか、インターネットで見ることができます（100円不動産　http://h-kanri.wix.com/h-kanri）。

築50年、海と山が近くにある輪島の家

100円で売られた推定築110年、歴史ある洋風建築

タダで家がもらえるケースも珍しくない

首都圏では５００万円以下で、地方では１００円で買える空き家ですが、取材を進めるうちに、「タダで家をもらうことができた。それも所有権付き」という話を聞きつけました。

教えてくれたのは、『常識破りの「空き家不動産」投資術』（ビジネス社）の著者、村上祐章さん。村上さんの投資法では、空き家の所有者から家を借りて行うので、初期費用はほとんどかかりません。

最近では、タダで家をもらえるようになったというから驚きです。「お金も手間もかかるだけの家は、タダでもいいからもらってほしい」との依頼がくるそうです。

所有権付きの家をタダでもらう方法は、所有者にそのメリットを筋道立てて説明することです。空き家は壊れたクルマや冷蔵庫と同じで、処分するのにもお金がかかることを伝えます。

村上さんの知り合いで、８戸入る老朽アパート１棟をタダで手に入れた人がいます。

そのうち1戸はまだ入居者が残っていますが、当面は月に3万円の家賃が手に入ります。所有者のところに何回も足を運んで気に入られ、家賃の受け取りを大家さんに代わってやってあげるようになり、信頼関係を築いていったところ、無料でアパートがもらえたそうです。

ほかにも、私の知人で、近畿地方で空き家を1軒、0円で手に入れた投資家がいます。過去に仲介のあった営業の方に「何か面白い物件はないですか？　安ければ何でもいいですから」と話をして、紹介してもらったそうです。

築年数不明（50年くらい）の再建築不可（78ページ）で、長い期間、賃貸に出しており、売主は家に愛着がなかったことと、リフォーム費用や固定資産税の支払いなどの事情から早く処分したかったようです。「こちらで手続きはすべて行いますので、0円でどうでしょうか？」と話したところ、交渉が成立したそうです。

中古のアパートであれ一戸建てであれ、持っていても管理できない人や、管理するのが面倒という人から家をもらう、譲ってもらうというかたちは、空き家が増え続けている現代では期待できそうです。

無借金で、タダで家をもらって、お金を得ることもできるのです。信じられないような話ですが、実話です。

実例

70軒の空き家で年収1200万円超

2008年から「空き家投資」を始めた村上祐章さん。空き家をもてあましている所有者から預かり、掃除やリフォームを施し、入居者を見つけます。家賃が入ってきたら、数万円を空き家のオーナーに支払い、残りが村上さんの収入です。70軒の空き家を管理し、今や毎月家賃は100万円超、年収は1200万円以上です。

［村上祐章さんDATA］

1977年京都府生まれ。大学卒業後、起業や株式投資などで生計を立てる。物件を買わず、借金をせずに、毎月家賃収入を100万円以上稼ぐ手法が話題に。著書『常識破りの「空き家不動産」投資術』（ビジネス社）。

・**物件数** 借りている物件60軒（うちアパート2）
所有物件10軒（うちマンション1、アパート1）

・**物件エリア** 京都、大阪、兵庫、滋賀、岐阜

──空き家を買わずに借りるわけは？

なぜ一般の不動産投資家さんは、莫大なお金をかけて、それほど儲からないことをするのか疑問でした。儲かっている人もいるのでしょうが、投資額を回収するまでに何年もかかります。僕のやり方なら無借金で始められ、すぐに利益が出ます。

──空き家投資を始めたきっかけは？

京都の街を歩いていて空き家が多いのが目につき、空き家を有効に使えないかと考えました。そこで空き家をオーナーから預かり、人に貸す方法を思いつきました。子どもの頃、古い趣のある家に住んでいたのですが、その家が取り壊され、近代的な建物になったのが残念でした。情緒ある家は残したいと思っていました。

──古い家を好むエリアだからうまくいくのか

市場調査はしたことがありません。どこでもできるからです。難しいのは空き家のオーナーとの交渉です。家賃を全部くれと言われることもあります。それでは私の儲けになりませんから、オーナーさんとの交渉が重要で最も難しい点です。

47都道府県で交渉が難しい一位と二位は京都・大阪でしょう。京都は１００円のものを１２０円、１３０円と高く売ろうとする文化。大阪は１００円のものを70円、60円と安く買おうとする文化。そこでこのビジネスがうまくいっているのだから、関東ならもっとうまくいくはずです。

人が住んでいる地域なら、大都市だけでなく田舎でも可能性があります。不人気のエリアならば、家賃を下げることで住みたい人が見つかります。都内なら顧客である入居者との交渉はラクでも、オーナーに払う費用が高く割に合わないことがありますが、田舎だと家賃を安くすることで、かえってお金になることもあります。

――入居者はどうやって見つける？

以前はチラシをつくって各戸の郵便受けに入れて探しましたが、今は口コミと紹介だけで見つかります。ネットで募集することもあります。不動産業者に頼まずに、自分で見つけます。管理している空き家のなかには空室もあります。空室があっても、お客さんがつかなければオーナーにお金を払う必要がないので、リスクはありません。

――又貸しは法律に触れない？

無許可の又貸しはダメですが、許可を得ている又貸しは適法です。

村上さんが管理する
京都市上京区の空き家

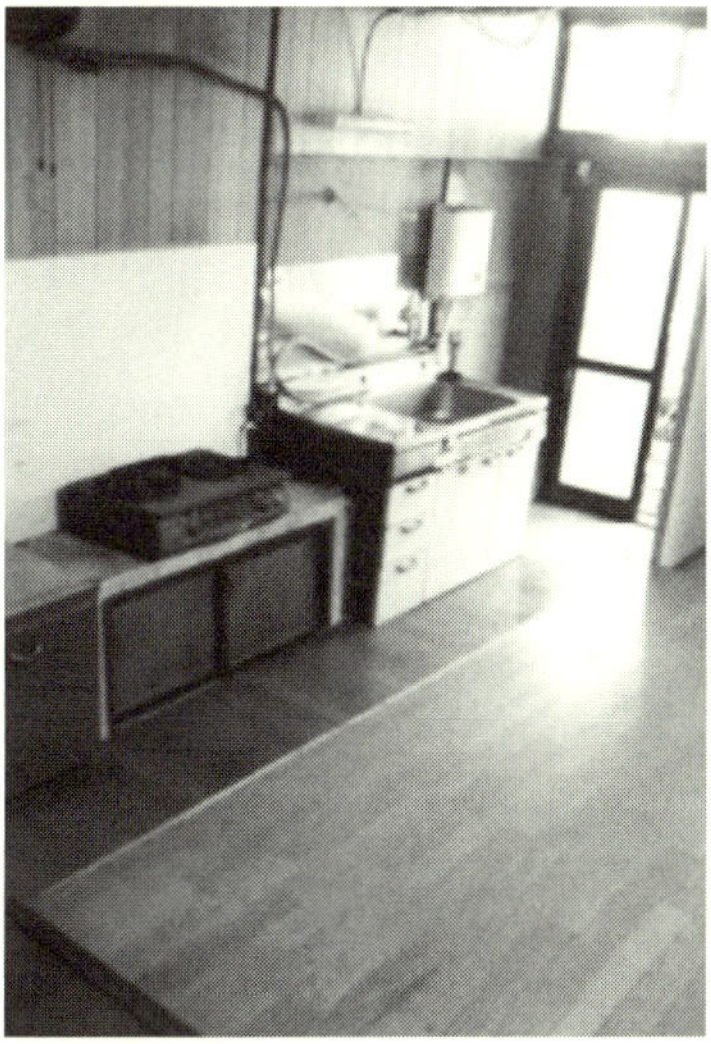

掃除をしただけで
貸し出しに成功

――安く買ったり借りたりするコツは？

自分が買いたい金額で思い切って指し値（取り引きの際にこちら側から指定する値段のこと）をすること。最初にむちゃな数字を言って怒らせて、最後はこちらから譲歩するというのがコツです。

例えば５８０万円で売っていた物件を３００万円で買いたいと指し値をします。ダメなら３１０万円と言う。ひんしゅくを買います。では３２０万円、３３０万円と粘ります。売り主からは「いい加減にしろ。４００万円以下なら売らない」と本音が出ます。そこで譲歩し合って３８０万円で買うことで２００万円安く買えます。

――掃除やリフォームはどこまですればいい？

空き家の場合、荷物がそのままになっていて住める状態ではないケースが多いのですが、汚くていいから安く住みたいという人たちがいます。低所得者や保証人がいない、猫を10匹飼っているなど、特殊な理由でほかでは家が借りられない人たちです。

これらの入居者は家賃の支払いが悪いのではないかという懸念がありますが、心配なときは６カ月分を前払いしてもらいます。意外とそういう人たちは、そこを出たら次がないので、きちんと支払います。

壁紙が汚れたりはがれたりしている箇所は、すだれをかけて隠します。水道、電気、ガスなど、資格が必要な工事はプロにまかせますが、それ以外は素人でもできます。ほかの物件の入居者に頼み、ゴミ捨てや壁紙の補修を頼むこともあります。

——空き家を手放すときのコツは？

入居者が退去したら、オーナーとの契約は終わりです。家賃を下げてほしいとか、ここを直しましょうといった提案はしますが、話がまとまらなければ終わりです。

3年前に50万円で購入した大阪の中心地にある8部屋の家を、月4万5000円で大家族に貸しています。その家族には「あと10年住んだら、あげます」と提案するつもりです。それでも十分にもとが取れます。人と家さえあれば確実にニーズがあります。無借金、リスクゼロ、それでいて空き家の所有者から喜ばれる、いい仕事です。

１００万円あれば そのまま使える空き家が半数

空き家投資は誰にでもできます。特別な技術も資格もいりません。空き家を手に入れて、掃除をしたり、片付けをしたり、壁紙をきれいにしたりするだけで、借り手が見つかるからです。

「えっ、たったそれだけで？」

そう。そんな簡単なことで、実際に借り手が見つかっているのです。

それなら空き家を持っている人が片付けなり、掃除なりをすればいいのですが、やらない人が多いのが実状です。数年間片付かないまま空き家になっているといったレベルならかわいいものです。前述した「１００円不動産」では45年もの間、手つかずの状態だった空き家が売りに出されていました。

ちなみに１００円で購入した家は、建物・土地費用は１００円でも、登記費用に20万円、トイレの増設に75万円、土間の高さの補修工事に40万円、そのほかの手続きに10万円と計145万100円かかっています。

100円不動産の担当者に話を聞くと、「たまたま輪島の案件が複雑な登記手続きが必要だっただけですので、本来こんなにはかかりません。不動産登記法によれば、登記の手続自体は売り主と買い主が共同して行うものとされ、司法書士に頼むことなく自分で登記手続きする人もいます。そうすれば、法務局に支払う登録免許税の数万円だけでできます」とのこと。

物件を格安で手に入れても、所有者が変われば登記する必要があります。数万円ですむこともあれば、複雑な手続きが必要なために費用がかさむこともあります。


空き家になっている家は、古くてガタがきているものです。場合によっては耐震補強などのリフォームをしっかりしないと住めないこともあります。

空き家を見るに当たって、覚えておきたい大きなポイントの1つが、1981年以前の「旧耐震」か1981年以降の「新耐震」かということです。新耐震では、建物の倒壊を防ぐだけでなく、人命を救うために、たとえ大地震で家が被害を受けても、人が避難できるように耐震性能を高めることになっています。わが家を例にあげてみましょう。

私が買った家は、１９７３年に建てられたので旧耐震でした。現在の耐震基準には合いません。そのため、耐震補強工事を行いました。まとまった費用がかかりますが、私の場合は安全に暮らすためには必要な経費と考えました。

しかし、空き家投資という点では、耐震補強にまとまった費用を捻出していては、初期投資がかさみすぎて利益が出ません。

耐震補強をせずに人に貸すこともできますが、だからといって、もし地震で家がつぶれて、住む人の命にもしものことがあったら、火災保険や地震保険に入っていたとしても、取り返しがつかないことになります。

新耐震の家であれば、わざわざ耐震補強をしなくても、表面的にきれいにするだけで貸すことができます。

じつは、意外なデータがあります。野村総合研究所の調査では、空き家のなかには、１９８１年以降の新耐震基準で建てられた家が３８５万戸、約47％あります。つまり、空き家の半分弱は、耐震補強のお金をかけずに掃除や片付けのほかに、先に書いたように登記や必要最低限のリフォームなど１００万円程度の出費で貸すことができるのです。

低収入・低属性でも家が買えて大家になれる

空き家大国日本では、いかに安く空き家が手に入るのか、そして、空き家を手放したいと切実に願っている人がいかに多いのかを、ここまでの説明でわかってもらえたと思います。

不動産投資や賃貸経営というと、かつては、お金のある富裕層や土地持ちの地主さんしかできませんでした。しかし一般的な主婦やサラリーマンがコツコツ貯めたお金を握りしめて不動産セミナーなどに参加したり、投資物件を買いに走ったりするようになりました。空き家投資なら、少額でも始められるからです。

従来は、アパートなどの投資物件を手に入れるには、まとまったお金が必要でした。金融機関からお金を融資してもらうには、その人の返済能力が審査されます。低収入や低属性では、なかなかまとまったお金を借りることが難しいのが現状です。属性とは年齢、性別、職業・就業形態、勤務先の規模、婚姻や同居家族の有無、今住んでいる家が持ち家か賃貸かといったことです。

年齢が若く、大企業勤務で、今後も長く安定した収入があり、ローンの返済が見込める人は「高属性」です。逆に、派遣や契約社員で、いつ仕事を失い、返済が滞るかわからないような人は「低属性」ということになります。

しかし空き家投資の場合は、タダ同然の100円から、首都圏でも500万円以下で物件が手に入ります。たとえ派遣やパート、無職の人で、金融機関からお金を借りられなくても、貯金を使って、現金一括払いで始めることができるのです。

次ページで紹介するパート主婦の舛添菜穂子さんは、パート主婦でありながら、わずか2年で一戸建てを5物件取得し、家賃月収30万円を達成しています。

派遣OLだった上條直子さんも、3年で5物件取得しました。69ページで紹介する働けないニートの経験があり、年収290万円のサラリーマンだった優待大家さんも、ボロボロの一戸建てを中心に5年で7物件を取得し、副業の株と家賃収入による年収が1000万円を超え、ついにサラリーマン生活を卒業しました。

低属性でも、低収入でも、低予算でもできるのが、空き家投資なのです。

実例　パート主婦…戸建て5物件で月収30万円
元派遣OL…ボロ平屋で高利回り

［舛添菜穂子さんＤＡＴＡ］

ＯＬ時代に勤務先企業の倒産、リストラ、ブラック企業を経験し、ＦＸでも失敗。その後、不動産投資の勉強を開始。結婚後、パート主婦に。資金３００万円で大阪に一戸建てを購入。その後、一戸建てを買い続け、一気に５物件までに拡大。著書に『パート主婦、〝戸建て大家さん〟はじめました！～貯金３００万円、融資なし、初心者でもできる「毎月20万円の副収入」づくり』（ごま書房新社）がある。

［上條直子さんＤＡＴＡ］

大学卒業後、貿易実務の専門性を生かし派遣ＯＬに。２００７年に始めた個人事業がヒット。その利益を元手に２０１１年から不動産投資を開始。千葉の中古アパートを４００万円で購入したのを皮切りに、５年で５物件所有。26～40％の超高利回りをはじき出す。不動産投資サイト「楽待」の人気コラムニスト。

――空き家投資を始めた経緯は？

舛添　勤めた会社がブラック企業で、お金を増やすためにＦＸを始めたのですが、失敗しました。投資について調べていくうちにたどりついたのが、空き家投資です。なかでも戸建てですね。戸建ての利点は、ペット可にできるので、入居者獲得の面で競合物件より有利ですし、供給量が少なく、ファミリー層をねらえて退去する人が少ないことです。戸建てに住みたいという人は絶対にいますから。

上條　派遣ＯＬを辞め、紹介業を個人で始めたらうまくいって、まとまった貯金ができ、うまく活用できないかと考えたのがきっかけです。銀行には投資信託をすすめられましたがピンとこなくて、不動産投資の本を読みあさり、宅地建物取引士の資格を取得しました。前職で輸入関連の仕事をしていた関係で、海外のインテリア雑誌を見るのが好きでコレクションしていたので、いつか生かせたらいいと思っていました。

――1軒目はどのように手に入れたのか

舛添　私は1年半ほどかけて不動産投資本を読みあさり、勉強しました。国債をやっていて、１００万円単位でお金が貯まったら動かしていたので、それに近い感覚だと思ったら怖くなくなりました。戸建てを最初に買ったのは、マンションなどの区分所

舛添さんが再生させた空き家はモダンな内装に

上條さんが再生させた平屋は地元サーファーに人気

有だと空室でも管理費を払わなければならないからです。だから最初から戸建てねらいでした。物件探しは、インターネットで500万円で売りに出ていたのを、指し値をして350万円で買いました。

上條　最初は競売で物件を見始めて、20回は入札しました。自分より高値で業者さんが入札するので、1度も落札できませんでしたが、諦めずに千葉県の特定エリアをねらってクルマで見て回りました。すると一戸建ての内覧を頼んだときに知り合った不動産屋さんから、戸建て同等の金額のアパートがあると連絡がきたのです。提示価格580万円を400万円で指し値をして買いました。そのアパートには4戸あるから1戸100万円と思うと安いかなと。

――2軒目以降はどのように入手したのか

舛添　2012年1月、大阪府でボロの一戸建てを購入したあと、12月に都内のボロのマンションを買い、翌年2月と9月に千葉県鎌ヶ谷市でボロ戸建て、2014年8月に千葉県船橋市でボロ戸建て、9月に大阪府で戸建てを買いました。

上條　2011年11月に埼玉県でボロ戸建て、2013年6月に千葉県長生郡でボロ戸建て、横浜市でマンション、10月に同じ長生郡で2つ目のボロ戸建てを買いました。

――買ったあとのリフォームはどのように？

上條　以前本で読んだ「リフォーム代は家賃の1年分くらいで収めましょう」という言葉が頭にあったので、1軒目は実家の修繕をしてくれていた大工さんに一戸当たり30万円、4戸120万円で依頼し、できた部屋から入居者の募集を始め、満室になりました。その大工さんが郷里に帰ってしまったので、以降はインターネットで検索して見つけた大工さんの腕と人柄に惚れ込み、ずっとお願いしています。とにかく安く買って、リフォームも安く抑えます。

舛添　私もなじみの工務店を見つけて必要最低限だけやってもらっていますが、自分でＤＩＹでやることもあります。手伝ってくれる人をブログで募ることもあります。

――初めての物件では入居者をどう見つけたのか

舛添　初めての物件の客付けは、不動産会社に勤務している知人にお願いしたのですが、売買が中心の会社で担当エリアと物件が遠かったので、物件の最寄りの業者さんが不動産会社専用のデータベースから私の物件を見つけて客付けしてくれました。それ以降、最寄り駅の業者さんに依頼するようにしています。

上條　最初は普通に、駅前の不動産屋さんで家賃を相場よりやや低めにして出しました。入居者については保証会社を通すので、審査を通れば詮索はしません。

――自主管理とはどんなことをするのか

舛添　入居者さんと気軽に連絡が取れるように年賀状のやりとりをしたり、お中元を送り合ったりして、良好な関係を築いています。何かあったらＬＩＮＥで連絡を取り合って、仲よくすることでうまくいっているのかなと思っています。

上條　自分で物件情報をまとめたものを名刺サイズやＡ４のチラシにして人に配ったり、街の掲示板の「犬の里親募集」の張り紙の下に「ペット可」物件のチラシを貼ったりして、募集をかけることもあります。いちばん効果的なのは、ＳＮＳのミクシィです。

例えば、海沿いの物件の場合、九十九里のサーファーや地元の人が集まるコミュニティに「九十九里で一戸建てに住みたい人は、いませんか？」と物件の写真と一緒に載せると、内覧希望者からすぐに連絡があります。インターネットで物件を見てもらい、現地についたら電話をもらいます。「今、現地に着きました」「では玄関を開けて、ブレーカーを上げてご覧ください」と電話で案内をして、しばらくしてからこちらから電話をすると、だいたいが決まります。そして火災保険と契約書を送って契約です。私は火災保険の代理店もしているので、すべて自分で手続きします。

――修繕が必要なときは？

上條　修繕はきりなくあります。入居者には「好きに直していただいて構わない」と言っています。すると「ありがとうございます」と言われるのですが、要はこちらは直さないということです。最初の契約書にも書いて、了承してもらっています。

――最近の動向は？

上條　２０１３年の10月に、千葉県長生郡でトタン屋根にトイレが汲み取り式のボロ戸建てを１００万円で買いました。この物件では、買う前にミクシィに家の外観と汲み取り式トイレの写真をアップして、「現状はこうですけど、海まで徒歩５分の物件です。このままの状態で２万円で借りる人はいますか？」と聞いて顧客ニーズを探りました。すると、「１万円アップしてもいいので、水洗トイレにしてもらいたい」というフィードバックが届いたので、水洗トイレにして契約となりました。

舛添　常に物件は検索していますが、最近は戸建ては高くてもすぐに売れてしまう印象です。大阪や千葉は業者に電話すると「あなたもですか」と言われるくらいです。

――戸建てが高いと素人の参入は難しい？

舛添　空き家を持っている人が活用するという意味ではいいと思います。売りに出すのもいい。今なら高く買ってもらえるかもしれません。

――空き家投資をしたい人にすすめたいことは？

上條　気になる物件をプリントしてファイリングしておくと、あとで前に見た物件が安く売りに出ていることに気付くなど、後々役立ちます。私は、空きが出たら入居したいという次の人の情報を載せたウェイティングリストとオーダーリストをつくっています。例えば「茂原でクルマが2台置けて、3LDKぐらいで家賃6万5000円までの家が見つかったら借りたい」というカップルの情報を持っています。物件を買う前に入居者が決まっていれば、投資にも不安がなくなります。名付けて「受注式不動産投資」。みんなやればいいのにと思います。

舛添　始めて5年後に月収20万円を目指してみるといいと思います。方法としては、最初の3年で1年に1戸、300万円くらいで買い進めます。4年目ぐらいで、それまでに購入した戸建てを担保に入れて、4戸目取得資金の融資を得ます。その場合、ローンの支払いが発生するため、月収が20万円に及ばないこともありますが、自己資金が温存されるので、さらに買い進めることができます。

――最終的な目標はどのようなことですか？

舛添　私も、利回りはだいたい20％を目標に仕込んでいるので、5年は所有して投資した分を回収し、それから売る予定です。この仕事は入居者と仲よくなれるので、楽しいです。これは「お金には代えられない利回り」と思っていて、空き家投資は自分に合っていると思います。

上條　建物がいよいよ朽ちたら、今は戸建てが安いので建ててもいいかなと思っています。私は、利回りを20～25％で仕込んでいるので、2年で半分回収して売るのがいいのでしょうが、当面は売る予定はないですね。

危険な空き家でも固定資産税が6倍になる

空き家投資を始める前に知っておきたいのが、2015年5月26日に施行された「空き家対策特別措置法」です。覚えておきたいポイントを解説します。

①「特定空き家」に該当する条件

この法律では、次の条件に1つでも該当すると「特定空き家」とされ、市町村が撤去や修繕を命令できるようになります。それでも改善されないと、勧告が出ます。

・倒壊や安全上の危険がある状態
・衛生上有害となる状態
・景観を損ねている状態
・その他、まわりの環境保全のために、放置することが不適切である状態

親の家が空き家になっていたり、すでに空き家を持っていたりする人は、すぐにでもこの4つに該当しないかどうかを確認してみましょう。

■特定空き家とは?

倒壊の恐れ

建物の傾斜、屋根の変形、壁の穴、屋外階段やバルコニーの腐食など

周辺の生活環境への悪影響

立ち木の枝のはみ出し、シロアリの大量発生、不審者が容易に侵入可能な状態など

衛生上有害

浄化槽からの汚物の流出、ごみの放置による臭気やネズミ・ハエの発生など

景観を損なう

外壁への落書き、建物の全面を覆うほどの植物の繁茂、割れた窓ガラスの放置など

■空き家が増える理由

住宅が建っていると、固定資産税(1.4%)が$\frac{1}{6}$に軽減される

↓

2000万円の宅地に空き家が建っていると年間4万7000円ですむが、
更地にすると年間28万円の税金がかかる。

②命令を無視すると50万円以下の支払い、固定資産税6倍

「特定空き家」に該当し、勧告を受けても従わない場合、罰則規定があります。50万円以下の過料を行政から請求されることがあります。それを無視し続けると、固定資産税が6倍になる税制措置が科せられることもあります。

これまでは土地に家が建っていれば、「小規模宅地の特例」が適用され、固定資産税（1・4％）が6分の1に軽減されていました。

例えば、2000万円の宅地に空き家が建っていると、年間の固定資産税は4万7000円でした。更地にすると、28万円もかかるようになります。

そのまま空き家にしていれば、固定資産税はこれまでと変わりませんが、「特定空き家」と認められると、固定資産税が上がります。もちろん、しっかり管理できていれば、空き家のままでも税金が跳ね上がることはありません。

この法律により、管理しきれない空き家は大きな負担になります。空き家を手放すか活用するか、これまで以上に選択を迫られるでしょう。

逆に言えば、空き家を管理できれば税金は安いままですみますから、空き家を手に入れて投資に使いたい人にとっては、この法律は追い風になるでしょう。

なぜなら、この法律によって、家を手放したい人が増えるからです。

第2章

お金になる空き家の探し方

成功のカギは「いかに安く買うか」

本章では、いよいよお金になる空き家を手に入れる方法を紹介します。空き家投資で成功している人の共通点は、「とにかく安く手に入れる」ことです。

空き家のなかでも激安物件を現金で買えば、ローンを背負わずにすみ、お金が回らなくなるようなリスクも回避できます。逆にローンを組んで物件を買えば、毎月の返済額以上の家賃収入を確実に得なければなりません。これは初心者にとって、大きな負担となるでしょう。

第6章で紹介する中薫道さんは、購入を決める目安は「土地値以下の物件」と言います。なぜなら、失敗しても土地値では売れるからです。

築年数のたっている空き家には、もしかしたら修繕にお金がかかる場合や倒壊のリスクがあるかもしれません。

こうしたリスクを抑えるためには、とにかく掘り出しものを見つけることです。土地値以下でも誰かにもらってほしいような空き家を見つけることです。

■利回りを上げるには、家賃収入を上げるか支出を下げる

・表面利回り=年間収入÷購入価格×100

・実質利回り=(年間収入−年間支出)÷購入価格×100

↑

建物管理費、修繕積立金、固定資産税・都市計画税、
賃貸管理会社管理費、火災保険料、税理士・弁護士等報酬
などの合計のこと。

売りに出しても買い手がなかなかつかないような空き家は、こちらが購入するタイミングや交渉しだいで、ぐっと安く手に入る可能性があります。

例えばプレゼン・コンシェルジュの天野暢子さんは、3400万円で売りに出ていた空き家をインターネットのスーモで見つけました。買い手がつかず、どんどん値下がりし、半年後、半額に下がったタイミングで購入を決意。1700万円で購入できました。「デイトレーダーのように毎日金額をチェックし続けた」と言います。

このように購入するタイミングや値下げ交渉を見極めることも重要です。

プロが認める最強の投資物件は木造一戸建て

空き家には、戸建てもアパート、マンションも含まれますが、おすすめは木造の一戸建てです。専業大家の赤井誠さんは『めざせ！　満室経営　本気ではじめる不動産投資』（総合出版すばる舎）のなかで、「木造は最強の投資物件」と述べています。

木造は耐久性があるので、きちんと手入れをしていれば、長く使うことができます。リノベーションもしやすく、収益物件として付加価値をつけやすいのです。

1棟もののアパートには、全室を入居者で埋めなくてはいけないというプレッシャーがありますが、一戸建てならば1組の入居を決めるだけで満室です。

それでいて、管理の手間を省くことができます。アパートにはエントランスなどの共用部分があるので、郵便受けから落ちたチラシを片付けたり、廊下やエレベーターなどを掃除したり、電球を替えたりしなければなりません。

一戸建てなら、入居者が郵便受けから落ちたチラシを拾ってくれますし、庭に草が生えれば草取りをしてくれます。

アパート経営の経験がある投資家「黄金ガール」さん（97ページ）は、一戸建てはアパートに比べて管理の手間がほとんどかからない上に、ある程度高い家賃が取れるため、今では戸建てに絞って投資をしています。

戸建て賃貸はまだまだ数が少ないため、賃貸アパートの激戦区では、入居者がすぐに決まってしまいます。しかし、単身者向けのアパートは若い学生や高齢者の入居者が多いため、家賃の未払いや部屋の破損、孤独死などの問題が起こるケースもあって、管理に手間がかかります。

一方、戸建てに住むのはたいていファミリーで、賃料の水準がアパートよりも高いため、物件が荒れることが少ないというメリットがあります。

激安不動産投資をいち早く世に広めた投資家の加藤ひろゆきさんは、著著『田舎で大家になってシンプルに暮らす101の方法』（ぱる出版）のなかで、「戸建ては、会社経営者が豪邸を建て替える間の仮住まいとしたり、自分の家のように大手企業の転勤族が住む」と述べています。

こうしたお金になる、よりよい空き家を探すコツを、まずは誰でもできる簡単な方法から順を追って紹介していきましょう。

掘り出しものは ネットにも家の近くにもある

では、お金になる空き家は、どうやって見つければよいのでしょうか。

空き家投資家に話を聞くと、「特別なコネやルートはない」「普通にインターネットで見つけた」と言う人が多く、ますます驚きました。

インターネットには、ヤフー不動産、楽天不動産、スーモ、アットホーム、ホームズ、不動産会社の自社ホームページなどのさまざまな物件情報サイトがあります。投資用の物件ばかりを集めた楽待《らくまち》、健美家《けんびや》などのサイトで探すこともできます。ここでは、多くの不動産投資家が見ていて、よい条件の物件があれば、目の肥えた投資家がいち早く購入していきます。

そこでおすすめなのが、マイホームが欲しいという層に向けたサイトで投資物件を探すことです。空き家になっているボロの戸建ては、マイホームが欲しい層は見向きもせず、売れ残っているケースが多々あります。つまり売れ残っている物件は、交渉しだいでいくらでも安く買うことができます。

ただし、お買い得な物件を見つけるのが得意な人たちは、「普通にインターネットで探しています」とはいっても、普通とは思えないくらい時間をかけて、物件探しをしています。朝一でサイトをチェックし、新しくお買い得な物件がアップされていないか、目を皿のようにして見ています。ある人は、朝起きてから1時間は物件チェックに当て、ある人は深夜2時ごろに物件サイトを見る時間は至福の一時で「楽しくて仕方がない」と言います。

取材で空き家投資家と待ち合わせをすると、待ち時間にスマートフォンを必死に操作している人が結構います。物件探しをしているのです。インターネットさえできる環境であれば、物件探しはいつでも、どこでも、どれだけでもできるわけです。

よさそうな物件が売りに出されれば、買いたい人が次々に現れます。業者によっては、一番手で連絡をしてきた人を優先することもあれば、より高い金額で買ってくれる人、高属性でローンの審査がスムーズに進む人を優先することもあります。

ここで大切なのは、買いたいと思ったら本気かつ本音でその意思を伝えることです。投資家には、こうしたときにいちばん先に手をあげられるような「判断力」「決断力」が求められます。また、現金で全額を支払えることが有利に働くこともあるので、できるだけ貯蓄しておくことも、欲しい物件を手に入れるための条件です。

なかには、新規の売り物件の情報を掲載したメールマガジンを、いち早く読者に配信サービスしている物件サイトもあるので、会員登録をしておくのも1つの手段です。

インターネット以外に、地元の不動産情報を掲載しているフリーペーパーなどから物件探しをする投資家もいます。また、一般的な雑誌に、掘り出しものの物件が載っていることもあります。

先日図書館で、たまたま雑誌「田舎暮らしの本」（宝島社）を手に取ってみると、間取りが広く、デザインもすてきな地方の一戸建てが、低価格で山のように紹介されていました。宝島社の編集部が独自に選んだそうですが、すぐに住みたくなるような魅力的な家が、驚くほど安く売られているのです。

さらに、インターネットやメールマガジン、フリーペーパー、雑誌などでの物件探しと並行して、自分の周辺にも使える家がないか、検討してみましょう。意外にも実家が使えたり、親族が空き家を抱えて困っていたりするかもしれません。

また、自分が住んでいる家の隣りや、近所に空き家があるかもしれません。お金になる空き家が近くにないか、もう一度、探してみましょう。

頼りになる不動産会社を味方にする

空き家物件を買うときや入居者を見つけるときに頼りになるのは、やはり不動産会社です。不動産会社の担当者と親しくなっておけば、「この家は買うべきか」「売り主が物件を出したのには、どんな事情があるのか」「どれくらいまで値下げ交渉できるのか」「リフォームをしたらどのくらいの賃料で貸し出せるか。またはどのくらいで売れるか」といった問いに、第三者のプロの目で答えてくれます。

また、不動産会社の人ならば、「レインズ」でいち早く物件情報を得ることができます。レインズは、日本全国の物件情報をまとめたデータベースで、不動産会社の人しか見ることができません。頼りになる不動産会社の人を味方につけて、二人三脚で物件探しに出かけましょう。

友人や知人でなくとも、兄弟の配偶者の高校時代のクラスメートが不動産会社を経営していたり、ママ友のご主人が不動産会社の社員だったりしませんか。最近家を買った友人に、仲介した不動産会社を紹介してもらってもいいのです。

「古家付き土地」など探し方は工夫しだい

投資物件として空き家を探すとき、条件を少し変えて検索するだけで、意外な掘り出しものが見つかることがあります。ここではその3例を紹介しましょう。

①「中古一戸建て」と同時に「土地」で検索してみる

市場売買されている土地のなかには、「古家付き土地」として土地と一緒に空き家が売られているケースがあります。古家付き土地とは、文字どおり古い家が付いた土地のことです。取り壊してもいいほど古くてボロボロで、一般的には価値がないと見なされている一戸建てが建った土地です。更地にするには解体費用がかかるので、そのまま家を上手に使ったり、リノベーションで再生したりすることもできます。

②「中古マンション」と同時に「団地」で検索してみる

首都圏の中古マンション市場では、3DKの物件だと安くても1000万～20

00万円はします。しかし郊外の団地なら、同じくらいの広さで100万円から手に入ります。「団地生活デザイン」の山本誠さん（134ページ）は、埼玉県郊外にある築36年の団地5階の3DKを350万円で購入。さらにもう1軒、投資用に埼玉県内の団地の4DKを190万円で購入しました。こちらはシェアハウスとして貸し出しています。

区分所有のマンションと団地で同じ家賃が取れるなら、元手が少ないほうが儲けになるため、安く手に入れた団地のほうが、高利回りで得です。不動産業界に詳しい投資家のなかには、投資目的で団地を買う人がいるほどです。古くなって建て替えがあると、買ったときよりも金額が大きく跳ね上がることもあるそうです。

③検索サイトを変えてみる

いつも同じサイトを検索するのではなく、いろいろな物件サイトを見てみるのも手です。私が住むために買った空き家は、マイホームが欲しい人向けのサイトではなく、オフィスビルの物件ばかりが掲載されているサイトにありました。友人で私が師匠と慕う、不動産会社の渡辺さんが見つけてくれました。

見方を少し変えるだけで、いい物件とめぐり会えるケースはたくさんあります。

業者もマイホーム希望者も避ける物件をねらう

投資用の空き家は、業者やマイホームを欲しい層が買わないものをねらえば、思わぬ掘り出し物と出合うかもしれません。

例えば、敷地面積40㎡以下の家は住宅ローンが組みにくく、安く手に入る可能性があります。狭すぎる家は担保価値が低いと見なされ、銀行が住宅ローンを貸してくれません。見た目の古さも手伝って、マイホームが欲しい層は敬遠しがちです。業者もそのような物件は戸建用地と見なさず、大きい物件でも小さい物件でも売買の手間が変わらない事情もあるので、力を入れないことが多いのです。

40㎡とは、畳の広さでいえば24畳ほど。ファミリーで住むには狭いですが、2人ぐらいで住むには十分。カップルや新婚世帯にはうってつけです。解体して更地にすれば、駐車場として運用する方法もあります。そこに目をつけたのが、優待大家さん。東京都大田区のわずか6坪の家を150万円で手に入れました。将来、隣地を購入できれば、広い土地を確保し、大きな家を建てることも考慮に入れた購入でした。

実例

年収290万円の会社員が空き家投資で副業年収1000万円！

給料が上がらず将来に不安を感じている人が多いなか、サラリーマンの星ともいえる快挙を成し遂げているのが優待大家さんです。ＩＴ企業に勤め年収290万円の会社員でありながら、2010年から物件を買い始め、わずか5年で空き家7軒の投資で副年収1000万円超を達成。今年6月、サラリーマン生活を卒業し専業大家に。穏やかなセミリタイア生活を送るに至った経緯を聞きました。

［優待大家さんＤＡＴＡ］

新卒で入った会社は会社の都合で解雇。ニートを経てＩＴ企業へ。給料からの貯金と学生時代から続けていた株の儲けを原資に、不動産投資を始める。2010年から物件を買い進め、アパート1棟、貸家5戸、区分1戸を所有。ほかに優待株100銘柄超を保有し副業年収1000万円超に。2015年6月に脱サラし専業大家に。ブログ「優待大家の今日も勇往邁進！」（http://yuuoo.net/）が好評。

――空き家投資を始めたきっかけは?

売買を頻繁にしてキャピタルゲイン（売却益）を得るような投資スタイルは向いておらず、インカムゲイン（利子所得）が好きです。ですから株も、優待と配当ねらいで持ち続けていいます。株のほかにインカムゲインがいいものは何かと考えたときに、不動産、なかでも戸建ては、ほったらかしてもいい点が優待株と近いと感じました。

――5年で7物件取得した経緯は?

最初は地元の川口市で、マンションの1戸を買う区分所有から始めました。リフォームにほとんどお金をかけずにすみました。その後、戸建ては土地が残り、実需（実際の消費としてマイホームとして使用）で売ることもできるところがいいと思い、同じく川口で2011年に築40年の戸建てを購入しました。入居者も決まり、2物件の家賃でパートやアルバイトで1カ月働いて得るくらいの副収入になりました。

2013年には川口で築40年の戸建て、埼玉県富士見市で戸建て、東京都北区で築50年の戸建てを取得し、2014年に東京都板橋区で念願のアパート1棟を取得しました。2014年10月には、大田区の戸建てを法人で取得しています。

before　　after

優待大家さんは、インターネットや普段の生活のなかで見つけたすてきな要素を駆使して空き家をモダンな内装に仕上げている。

——最初の3物件は川口、これはエリア戦略？

川口には小さいころから住んでいたので、土地勘があり家賃相場もわかっていました。例えば、駅から20分強という条件を見て、敬遠する投資家も多いと思いますが、地元の投資家なら、人気や需要のあるエリアが肌感覚でわかります。

よくチェックするのは、駅前の駐輪場の規模です。自転車が多いということは、自転車通勤している人もたくさんいるということ。駅徒歩20分のエリアでも、自転車を使えば生活の利便性はそこまで悪くないものです。

——物件探しはどのように？

だいたいヤフー不動産のような一般の不動産サイトです。物件の仲介業者は毎回異なり、特定の業者というのはありません。大田区の１５０万円の物件は敷地面積が40㎡以下で実需層が敬遠し、建売業者も住宅ローンがつかないため新築用地として仕入れないような物件です。こういった狭い家が意外とお買い得だと思っています。

——リフォームプランや業者はどう選ぶ？

いい物件がなければ、つくればいいと思っています。でも、築40年を超えたボロ物件のリフォームの見積もりを取ると、400万円以上と結構な費用になります。もちろん、水回りのリフォーム履歴の有無などでも金額は大きく変わりますが。業者選びは自社でも収益物件を保有している練馬区のNK総合建築株式会社という工務店にお願いしたら、品質と費用のバランスがよく、満足しています。

リフォームのプランは、インテリア関係のサイトや洋服屋さん、飲食店で、「すてきだな」と思ったコーディネートを撮影したり型番をメモしたりして、リフォームの業者さんとの打ち合わせで使っています。

――紹介写真に椅子が置いてありますね

ネット通販で買える3000円くらいの間接照明や椅子を置いて、内覧に来た方が住んだときのイメージを持ってくれる簡易モデルルーム化を行っています。椅子や照明をそのまま入居者にプレゼントすることもあります。喜んでもらえますよ。

――客付けに苦労することは？

苦労はあります。地場の業者に頼んでも、時期によっては借り手がなかなか埋まらないこともあります。東京都北区の物件では「R‐STORE」というリノベーション物件などを得意とするコンセプト型の仲介業者を利用しました。結果、内覧1組目で家賃9万9000円で決めてくれました。年間家賃120万円弱。リフォームと物件費で850万円。ざっくり利回り13%。物件価格が高騰し利回りが低下したといわれるなか、23区の物件でこの利回りは悪くないと思います。

——空き家投資の可能性は？

空き家のなかでも、現金で買いやすいのが小ぶりの戸建てです。戸建ては流通量が多い分、チャンスがあります。反面、これから始める人は「不動産投資は人口減少のトレンドに逆行する」と心得ることも大切です。これから猛烈に経営が厳しくなるエリアと、そうでないエリアが、くっきりと分かれてくると思います。

今は不動産価格が高い印象があり、もっと安く買えるときが来るのに備えて、今から自己資金を貯めて現金で買う準備をしておくのもいいと思います。

売り急ぐ「任意売却物件」に目をつける

通常の物件サイトのなかには、相場の7～8割で売られている物件がたまにあります。それは、もしかしたら「任意売却物件」かもしれません。競売にかけられる一歩手間の物件のことです。

最大の魅力は、一般の不動産よりも少し安く買えること。競売よりもハードルが低く一般的に流通しているため、取得の難易度が低く、誰でも手が出せる物件です。

競売の場合は、ローンを抱えた債務者が返済を滞納した場合に、金融機関がその人の財産を差し押さえ、問答無用で裁判所に競売の申し立てをします。

一方、任意売却の場合は、競売にかけられる前に、債権者が不動産会社などの業者に相談をして、一般の不動産販売と同じように売却します。

売り主としては残ったローンの返済に当てるだけの金額は欲しいため、価格を残債以下に下げるのは難しいものの、売り急いでいるため、交渉しだいで安くなります。任意売却の制度は、買う側、売る側の双方にとってメリットがあるため、私はもっと多くの人に目を向けてもらいたいと思っています。

任意売却で物件を買うことは、住宅ローンの支払いが苦しくなった人を助けることにもなります。ぜひ物件探しの1つの手段として、検討してみてください。

探し方としては、任意売却物件ばかりを集めたサイトを見るのがいいでしょう。任意売却物件は、一般的な物件サイトのなかに含まれていることもありますが、それが任意売却の状態なのかどうかは、物件を扱っている会社に問い合わせないとわかりません。

任意売却専門の物件サイトでは、一般の市場に出回っていない物件情報を公開しています（なかには諸々の事情により、サイト上には非公開としている物件もあります）。ここでは不動産投資家に向けたサービスとして、任売市場が提携する任意売却物件のプロフェッショナルが、高い利回りを期待できる物件を取得するための支援をしてくれます。

例えば「任売市場」（http://ninbai-ichiba.com/index.html）があります。

■任意売却物件のメリット、デメリット

◎メリット

- **一般に売り出される物件の7~8割の価格で安く買える**
- **一般の不動産売買と同じ手順で購入できる。競売のような特別な手続きは不要**
- **内覧できる（競売では、買うまで家のなかを見ることができない）**
- **競売のようにライバルと競り合わずにすむので、初心者でも取得が難しくない**

◎デメリット

- **債権者との交渉が必要なため、決済まで時間がかかることもある**
- **購入後に物件の欠陥（瑕疵）を見つけた場合は買い主が負担する**

（一般の不動産取引では、売り主が瑕疵担保責任※を負うが、任意売却の場合は、売り主の瑕疵担保責任は免責される。リスクを回避するためには内覧時にしっかりチェックすること）

- **債権額より低くなるほどの値引き交渉はできない**

（例:ローンの残債が800万円ある場合は、800万円以下では売れない）

- **債務者の残置物があることも。買った人が処分しなくてはならない**

※瑕疵担保責任:売買の不動産に欠陥など瑕疵があり、その瑕疵が注意をして見ても気付かないような場合、売り主が買い主に対して責任を負うこと

安さにワケはあっても問題がないことが多い

物件探しに慣れてくると、安い物件にはそれなりのワケがあることがわかってきます。例えば、再建築不可物件。建築基準法の道路に２ｍ以上接しておらず、再建築ができない物件のことです。

建て替えはできないもののリフォームやリノベーションで新築同然によみがえらせることはできます。しかし火事で全焼してしまったら、新たに家を建てることはできません。

メリットは、安く手に入れることができただけ、高利回りが期待できることです。デメリットは、建て替えができないこと。担保価値が低く、住宅ローンが組めないこと。現金一括で支払わなければいけないことです。

基本的に、不動産は１つとして同じ物件はありません。似たような建売住宅でも、建っている場所が違います。まったく同じ家は存在しません。１つひとつ違う家に、それぞれの価格がついています。それが適正かどうかを見抜くのは難しいものです。

■物件が安い理由ベスト5

①再建築不可物件である	現在の建築基準法の接道義務を満たしておらず、建て替えができない
②既存不適格建築物である	建てた当時の基準を満たしていても、現在の建築基準法に合っていない物件。建て替えはできるが、適法な建築物にしなくてはならない
③借地である	土地の所有権が地主にある物件。地主に地代を払わなくてはならない
④旗竿地である	旗に竿をつけたように、狭い通路の奥まったところにある土地
⑤傾斜地である	斜面にある土地。地盤調査、擁壁設置、基礎補強に出費が必要なことがある

　しかし、誰も買わないライバル不在の物件にこそ、チャンスがあります。ワケありの家のワケを受け入れて、安く手に入れることで、小さなモノを大きくする「レバレッジを効かす」ことができます。

　再建築不可物件のほかに安く売られている物件には、上の表のようなケースがあります。このなかに、許容できるようなリスクで、使いこなせるようなものがあれば、手を出してみてもいいのではないでしょうか。

実例

渋谷区500万円一戸建ての家賃は年105万円

都心のビル群のほど近くという好立地で、わずか500万円で一戸建てを手に入れた主婦投資家のまいまいさん。不動産好きが高じて、数年前に宅建に合格。ローンを組まずに購入できる自宅を探しているうちに、空き家投資にたどり着きました。まいまいさんの手法は、東京都23区内でも人気地域のメジャー路線で、駅から徒歩10分以内の空き家に特化しています。名付けて「アーバンボロ（まいまいさん命名）」投資です。

［物件DATA］この物件のほかに、シェアハウス、一戸建てなど多数保有

・**築年数** 46年、木造一戸建て（借地権）

・**広さ** 2DK、33・8㎡ **家賃**：8万8000円

・**リフォーム** 約65万円、キッチン交換、エアコン・給湯器交換、壁紙・ふすま・障子張り替え、畳表替え

・**利回り** 表面利回り21％、実質利回り16・6％

before

after

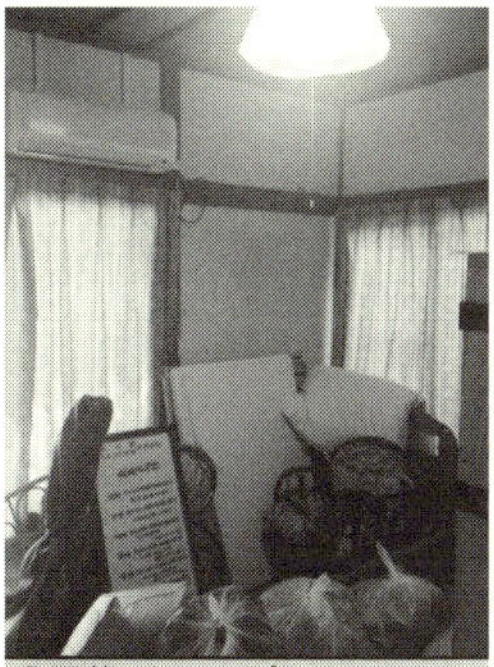

残置物がいっぱい

清掃と表層的リフォームだけで見違えるほどに

――空き家投資の魅力は？

比較的安く購入でき、高利回りが実現できることです。

――安く物件を仕入れるコツは？

ヤフー不動産や大手不動産会社などのサイトを中心に探しています。特別なコネやルートはないので、誰でも見られる物件サイトです。諦めずに物件検索を続けることが安く仕入れるコツです。不動産には掘り出しものというものはなく、安い物件にはそれなりにワケがあると思っています。

今回購入した物件が安い理由は、旗竿地（79ページ）で狭く（40㎡以下で住宅ローンが組めない→68ページ）、借地と、悪条件が揃っていたからです。ワケありを許容することで安く買うことができます。

――空き家投資の苦労する点、難しい点は？

物件により、再生にかかるコストが大きく違う点です。安いものには安いなりの理由があるので、そのリスクを引き受ける覚悟がないとできません。私の場合は再建築不可、借地権付きなど、権利関係が難しくローンがつきにくい物件なので安く買えていますが、その分、担保価値もないし、ハイリスクだと思っています。

――空き家が増えている今、今後の可能性は？

立地しだいではまだ可能性はあると思いますが、郊外では難しいエリアもあるでしょう。現在はライバルも多いので割安な物件は少なく、スピードを要求されるので、パッと見て判断ができる、ある程度の目利きでないと厳しい面もありますね。

――空き家投資で成功するエリアは？

私は23区内でもエリアをかなり絞っていて、具体的には新宿区、渋谷区、港区、豊島区、世田谷区、目黒区、中野区、杉並区の駅から徒歩10分以内を検索条件にしています。郊外に５００万円の物件を買って５万円で貸すよりも、都内の人気地域に１０００万円のワケあり物件を買って10万円で貸すほうが効率がよいと思います。

――リフォームはどこまでするべきか

費用対効果を考え、やりすぎないようにしています。そもそも手のかかる物件には手を出さないほうがいいでしょう。賃料には地域相場があるので、その物件でどのくらいの収益が見込めるのか、リフォーム代にどのくらいかけられるのか、見極めること。安くあげるにはＤＩＹもいいのですが、基本的には気心の知れた工務店に依頼しています。自分でやるのは、掃除や網戸の張り替えなど簡単な部分だけです。

――入居者が決まらないときは？

インターネットに掲載されていれば、お客はその物件を見ています。それでも決まらないのは、

・そもそも、需要がない（地域の問題）
・賃料が高い
・物件そのものに魅力がない（または魅力をアピールできていない）

のいずれか。決まらなければ無理せずに賃料を下げます。あるいはインターネット掲載の写真を替えたり、他のポータルサイトへの掲載を依頼するなど、アピール方法を考えます。

戸建てはシーズンを逃すと空室期間が長くなりがちなので、毎月の管理費が高くなってもサブリース（所有者から物件を一括して借り上げ、第三者に転貸するシステム）をお願いしている物件もあります。

——売却をどう考えていますか

需要がある立地であれば、安ければ必ず売れると思います。ただ、私の場合は売却が難しい物件が多いので、ずっと持っていてすり切れるまで使い切って、子どもにあげたいと思っています。

——空き家投資でよかったことは？

不労所得が得られて時間に余裕ができた点です。もともと不動産が好きなので、面倒なことが多くても苦になりません。

——空き家投資はどんな人に向いていますか？

空き家投資にもいくつか方法がありますが、私はローンが付かない物件を現金買いしていくやり方なので、節約して貯金ができる人に向いています。空き家になった実家を再活用するなど、初心者でも再現性はあると思います。

空き家を見極めるポイント

ここまでお金になる空き家の探し方を紹介してきました。実際にサイトで物件を調べてみると、どこのエリアでは、どれくらいの価格で、どんな物件が売られているのか、なんとなく感触がつかめてきたのではないでしょうか。

それでは次に、いよいよ購入するかどうかのカギとなる、「見極めポイント」について説明します。

①目標利回りを決めて、それに近づける物件を買う

投資する見極めの判断材料として、わかりやすい指針が「利回り」です。まずは、「目標利回り」を決めます。これはあくまでも目標で、仮に目標利回りを25%とすると、4をかけると１００%になり、元手を4年で回収できることになります。5年目以降は1年に25%ずつ利益が出て、プラスの収入になるわけです。

年間家賃100万円の収益物件でも、元手がいくらかで利回りは変わります。元手が500万円なら1000万÷500万で利回り20％、元手1000万円なら10％、2000万円なら5％です。2000万円の物件で利回り5％をねらうのではなく、500万円の元手で20％をねらおうというのが、空き家投資の魅力です。

例えば、コツコツ働いて貯めたお金が300万円あったとします。当面使う予定がないとして、普通預金に入れていた場合、某都市銀行の普通預金なら、300万円以上で年利0・020％です。10年間は引き出さない定期預金でも、0・120％です。

それに比べると、空き家投資での目標利回り25％は、とんでもない高利回りに思えるかもしれません。もちろん、売却するまで利益は確定しませんし、含み損の期間もあります。空き家投資は、住み手が見つからない、修繕にお金がかかる、なかなか売れないというリスクもあるので、それを踏まえた上での目標であり、利回りです。

その注意点を踏まえて実践すれば、高い利回りを期待できます。なかでもとくに期待できるのが、木造の戸建て賃貸です。浦田健さんの著書『利回り20％をたたき出す戸建賃貸運用法』（ダイヤモンド社）のなかで、中古の戸建て賃貸については、46％、70％の利回りも期待できると書かれています。

まずは目標利回りを立てて、それに当てはまるような家賃収入が期待できる物件かどうかを、見極めの1つの基準にしましょう。

②ファミレス、スーパー、チェーン店があるか

人口が減少していくなかで、いかにして賃貸のニーズがあるエリアを見極めるかも大事な基準です。それには、いい方法があります。ファミレス、大手スーパー、牛丼やファストフードのチェーン店が出店するのを検討しているようなエリアの付近にあるかどうかを見るのです。

われわれ初心者が空き家を安く買ったところで、誰も人が住まないような場所では一銭も入ってきません。人が住むエリアで、とくに空き家でも一戸建ての場合は、ファミリー向けの賃貸のニーズがあるかどうかを見極めなくてはなりません。

ファミレスや大手スーパー、ドラッグストアなどは、素人が調べるのとは違い、綿密な市場調査を行った上で店を構えるので、それらが出店している時点で、その場所に人のニーズがあることを見極められます。

■賃貸相場を調べてニーズを見極める

家賃相場が一目瞭然！　便利なサイト「ホームズの家賃相場」。
例えば、筆者が購入した中野区の3DK空き家は、15万円程度で貸せることがわかる。

間取り	金額	家賃相場
ワンルーム	7.32万円	
1K	7.96万円	
1DK	9.93万円	
1LDK	13.43万円	
2K	8.73万円	
2DK	12.78万円	
2LDK	17.17万円	
3K	－	
3DK	14.84万円	

③賃貸相場を調べてニーズを見極める

空き家を購入する場合は、物件サイトを活用して、買おうかどうか迷っている物件と同じような立地、間取りの賃料相場を調べます。

家賃はいくらぐらいで、空室がどれくらいあるのか、一戸建ての物件がたくさんあまっているのか、それとも供給がないのかなどを、調べることができます。投資家の須山さん（154ページ）は、エクセルに近隣物件数十件の賃料を入れ、空室率と平均賃料を調べて、買おうと思っている物件で得られる家賃のめどを立てるといいます。

そういった賃料相場を調べるのに、

便利なサイトがあります。不動産・住宅情報サイト「ホームズの家賃相場」（http://www.homes.co.jp/chintai/price/）です。

最寄り駅からの距離や物件の面積、築年数、その他の希望条件を組み合わせ、沿線、駅、市区の家賃相場や競合物件を調べることができます。

第3章

空き家で稼ぐ
3つの方法

空き家をどのように貸すか

本章では、空き家に投資してお金を得るためには、賃貸として出すほかにさまざまな方法があることを、実例をあげて紹介します。

①賃貸

まずは基本的な方法、「賃貸」です。両親から譲り受けた思い入れのある家が空き家になっている場合、愛着があったり、将来的に戻って住む可能性があったり、売るに売れなかったりするなら、期間限定で人に貸して家賃収入を得ることができます。賃貸では家賃収入が見込めるだけでなく、家を誰かが使ってくれていることが管理面での安心につながります。

まず、地元の不動産業者を通じて、借りたい人を見つけてもらいます。そのためには、ある程度のリフォームが必要で、税金や管理業者に支払う手数料を考えると、採算がとれる物件は限られます。それでも住み手が見つかるケースもあるため、一度は検討してみたいものです。

例えば、長野県上田市にある築150年近くの古民家のケースでは、古民家を相続したものの空き家になって3年ほどたっていました。誰も住まないまま放置しておくと、湿気がたまったりカビが生えたりして、衛生面でもよくないことから、所有者のAさんが試しに家賃3万円で賃貸に出すことにしました。

すると、古民家に住みたい層の目にとまって、10組ほどから問い合わせがあり、千葉から移住を希望していた文筆家の柏木珠希さんが借りることに。Aさんにとっては家賃3万円でも年36万円の家賃収入になります。古い家に住みたいというニーズは、意外とあるものです。

この家は、所有者のAさんが居住者の柏木さんに事故があってはいけないと考え、貸す前に屋根と床だけ最低限のリフォームをしました。実際にここに住むようになって、柏木さんは、静かな環境で仕事に打ち込めるようになっただけでなく、東京から友人を呼んだり、田舎暮らしを楽しんだりしていました。その様子は柏木さんの著書『おひとりさま女子の田舎移住計画』（朝日新聞出版）にも描かれています。

私も何度かお邪魔しましたが、朝採れの新鮮な野菜で朝食をとり、窯でピザをつくって楽しむなど、食生活が充実していて、田舎暮らしの魅力を実感しました。

借り手を見つけるには、地元の不動産会社に相談するほかに「空き家バンク」に登録する手もあります。これは、空き家の売却・賃貸を希望する人と、空き家に住みたい人、移住希望者をつなげるマッチングサイトです。NPO法人や自治体によって運営されています。アクセスする人は、真剣に定住を考えている人が多いため、契約成立の可能性が高まります。

・空き家バンク・住まい情報（移住・交流推進機構）
http://www.iju-join.jp/akiyabank/
・空家住宅情報（すまいづくりまちづくりセンター連合会）
http://www.sumikae-nichiikikyoju.net/akiya/

②転貸

賃貸のほかに転貸という方法もあります。わかりやすい言葉に置き換えると、「又貸し」です。転貸は第1章で紹介した廃墟不動産投資家の村上さんが行っている方法です。ここで改めて解説すると、空き家を持ち主から借りて、住みたい人を見つけ出して貸すことです。

例えば、所有者のAさんからBさんが物件を借りて、さらにそれを入居希望者のC

さんに貸すことです。もちろんAさんの承認がなくては、Bさんが C さんに貸すことはできません。無断で行えば、契約は無効です。契約時には、BさんとCさんが「転貸借契約」を結び、書類を交わします。

入居者から友人や兄弟への転貸を認めてほしいとの申し出があることがあります。珍しいことではありません。物件を所有していても、入居者を見つけるのが面倒であれば、Bさんの役割を果たす人や企業を通して転貸するのも1つの方法でしょう。

③定期借家にする

賃貸契約のなかでも、一定期間を定めて家を貸し出すことを「定期借家」と言います。ここで覚えておきたいのが、借家には、次の2つの契約の種類があります。現在の賃貸契約の約95％が「普通借家契約」で、3～5％が「定期借家契約」です。

・普通借家契約……契約期間は1年以上で、2年契約が多い。借り主が引き続き住みたいと希望したら、持ち主は正当な理由がないと拒否できない。

・定期借家契約……契約更新がなく、契約期間が終了した時点で契約終了。いつか自分が住みたいと思っているのなら、持ち主としてはこちらが便利。

不良入居者を期間満了で退去させられることや、家賃の改定がしやすいなどのメリットもある。

定期借家契約に詳しい林浩一さんと沖野元さんの著書『賃貸の新しい夜明け』（週刊住宅新聞社）には、「定期借家契約がこれからもっとも活用される可能性がある分野は空き家である」と記されています。定期借家契約について詳しく知りたい方は読んでみるといいでしょう。

また、空き家活用の一環として、ここであげた「②転貸」と「③借家」の制度を有効活用している事例があります。一般社団法人移住・住みかえ支援機構（ＪＴＩ）が行う「マイホーム借上げ制度」です。

シニア（50歳以上）のマイホームを最長で終身にわたって借り上げて、若いファミリー層などに転貸しています。転貸するさいには、3年間と期限を決めた「定期借家契約」を結んでいます。この制度によって、シニアは自宅を売却することなく、住み替えや老後の資金として活用することができます。

実例

毎月家賃100万円超が10年以上続いている

投資物件サイト「健美家」の人気コラムニスト、黄金ガールさん。夫が要介護5の難病になったのをきっかけに、一家の大黒柱になりました。ボロの戸建てを中心に物件を買い進め、現在は東京と埼玉に戸建てやアパートなど18戸を所有し、家賃収入が月収100万円超。家計を支える収入源になりました。10年以上の経験から、空き家投資の魅力と成功の秘訣、今後の展望を教えてもらいます。

［黄金ガールさんDATA］

不動産投資家。独身時代はアンティークカフェを経営し、結婚後は夫の商売の補佐。2001年、夫の難病が発覚。世に激安不動産投資を広めた『田舎で大家になってシンプルに暮らす101の方法』（ぱる出版）の著者、加藤ひろゆき氏に不動産投資のノウハウを学ぶ。ブログ「黄金ガールの なんてったって不動産が好き！（http://plaza.rakuten.co.jp/realgoldgirl/）」や、健美家のコラムが人気。

――ボロ戸建てに注目する理由は？

私は別に「汚いものフェチ」なのではなくて、きれいなものが好きです。新築はきれいで魅力的。でも、高くて投資の対象にはなりません。最近は、アパートやマンションよりも、やはり戸建てだと確信しています。

戸建てなら、空室になったときに、管理費、修繕費、各種積立金、共用部分に関するお金も手間もかかりません。アパート、マンションだと次に売るときに、多くの場合は投資家が買いますが、戸建てだったらマイホームを安く欲しい人も買ってくれるから、売却するときも困りません。築古の戸建て投資はすごくいいです。

――物件探しはどのように？

自分がコラムを執筆している健美家のサイトも見るし、駅に無料配布の物件情報が載っている小冊子が置いてありますよね、あれをよく見ています。物件情報のなかでも、まずは金額、そして詳細を見ていきます。現金で買うので、リフォーム代や諸経費を頭のなかで計算しながらチェックします。

――安く買う秘訣は？

before

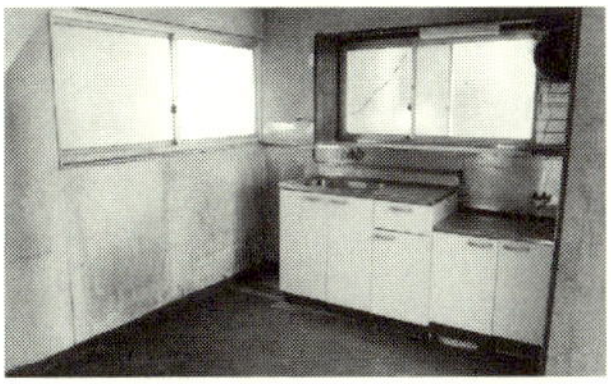

after

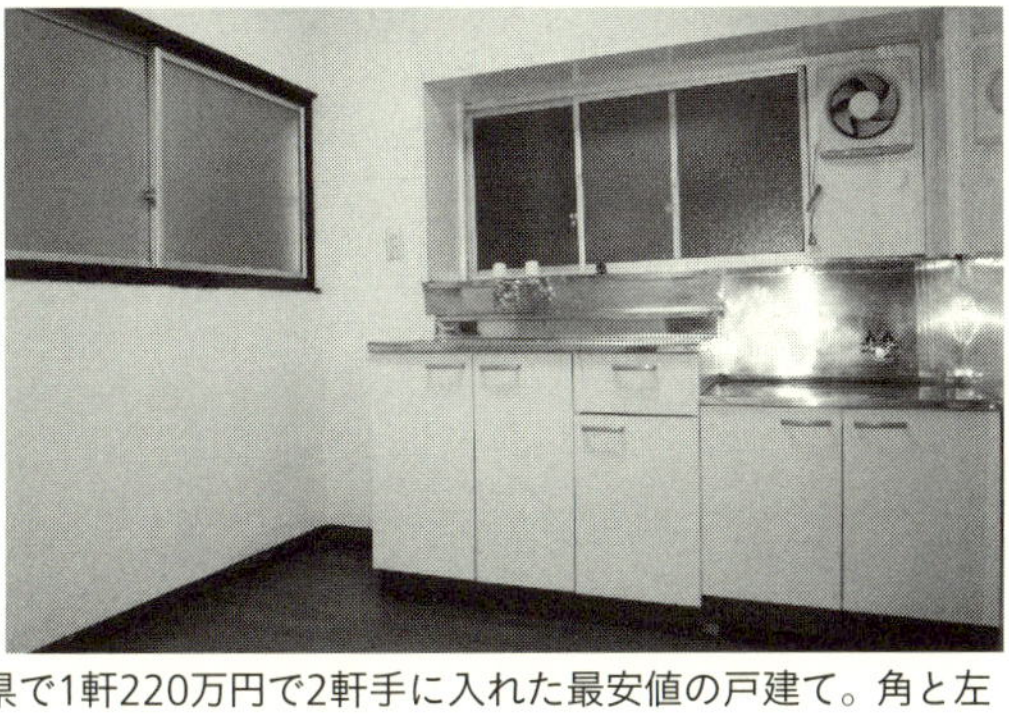

黄金ガールさんが埼玉県で1軒220万円で2軒手に入れた最安値の戸建て。角と左奥の家。再建築不可でも借地でもない。

懇意にしている地元の不動産会社に「指し値（取り引きの際にこちら側から指定する値段のこと）はどのくらいでいけますか？」と聞きます。ほかにも売り主の売却理由や、売り急いでいるのかどうかの情報や、明日にでも現金で買いたい人がいるなら価格はどのくらいまで下がるのかを聞きます。

売り急いでいる人が「明日にでも」ということであれば、現実的な数字を出してくれます。その場合は、価格が大きく下がることもあるわけです。

――家のなかを見ずに買うこともあるとか？

仲よしの業者さんなので、その言葉を信用しています。「家のなか、見た？」と聞くと、「いける、いける！」と答えてくれます。こちらが「見に行く時間がない」と言うと、「グーグルで見て」と言われ、ネットですぐに確認することもあります。早く返事をしないと逃すと思ったときは、「買います」とすぐに返事をします。あとで見に行きましたが、やはりよかった。

――空き家リフォームのポイントは？

いつもお願いしている大工さんにお願いして、できるだけ安く、でも人が快適に住めて、不具合がなく、ごくごく普通に住めるようにします。70万円ですむ場合もあれば、もっとかかる場合もあります。その大工さんとは知人の紹介で知り合い、料金は安くてもしっかりした仕事をしてくれるので、お願いするようになりました。

空き家投資家初心者の場合、リフォームにお金をかけすぎている印象があります。最低限、暮らせる程度のリフォームで十分です。

――セルフリフォームで安く上げることは？

私は釘一本打ちません。プロにまかせるべきところはまかせたほうがいいという考えです。

――地方での空き家投資の可能性は？

十分にあります。例えば、北海道で地元の人が「ここでは人が入らないよ」という地域でも、じつは灯台下暗しで、地元の人が気づかないだけで、うまくいっているケースがあります。だから、地方でも可能性はあると思っていますし、知り合いの大家さんも郊外や地方で成功しているケースはあります。

——客付けや売却はどのように？

仲よくしている不動産屋さんに、貸すことと売ることの両方をお願いしています。入居者募集の記事を出すのと同時に購入募集も出して、早く決まったほうに決めます。

——管理についてはどうですか？

戸建てはファミリーが入ってくれるので、運営も楽です。アパートを一棟買いした場合、散らかっているチラシを片付けたり、電球が切れたら取り換えたりと、運営が大変なんです。それから、戸建ての場合は何か問題、例えば事故物件になったときは、簡単に更地に戻せますが、1棟のアパートを所有した場合、居住者が何人もいるので、1軒1軒への対応があって、何かと面倒です。

——今後の展望は？

人口がどんどん減っていくので、これからは2戸売ったら2戸分のお金で少しでも都心に近いところにある1戸を買うとか、少しずつ立地のグレードを上げていこうと考えています。東京の中心部が値崩れすることはないでしょう。それが一通り終わったら、築年の浅い物件に買い換えていくことも考えられます。

――家を見る目はどう養う？

たくさん見ることに尽きます。そして自分が感じるものを大事にすることです。服や靴を買いに行ったときと同じように、パッと見て、リフォーム後の仕上がりをイメージできるといいですね。

それから、ごく普通のデザインの家で四角い家、三角の屋根が好きですね。あまりに凝ったデザインの家は古さが出やすく、また外壁塗装のときに足場が複雑になったりと費用が多くかかります。

また、内覧のときに、工務店の人やリフォーム業者に同行してもらって、どこにどう修理費がかかるのか、プロの目で見てもらうといいです。傾いていたりシロアリがいたりすると、プロはすぐにわかりますから。

――ほかの投資との違いは？

株や先物取引もやりましたけど、怖い思いもしました。それに対して不動産投資は失敗が少ない。というより、そもそも失敗がない。アパートを賃貸していて夜逃げされたことが2回あったけれど、家賃保証会社がカバーしてくれて、残置物も処分してくれました。物件が火事になっても保険に入っている、事故物件になっても土地は残る、土地なら売れる。リスクは低く、安定していると思います。値が下がるのも徐々に下がるわけで、いきなり紙切れになることはありません。

――空き家投資は誰でもできる？

時間がない人でも、管理会社に頼めばできます。最初は現金で買い進めるための元手となる資金を最低300万円、余裕があれば400万円つくっておくといいです。

主婦でも1戸持つと、毎月5万円が入ってくる。戸建てなら、ファミリーで住むからそうそう家賃は下がりません。毎月5万円をもらいながら働いて、貯まったらもう1戸買う。そうやって物件を徐々に増やしていけば、家賃収入も比例して増えていきます。家賃収入だけで生活できるようになったらいいと思いませんか。洋服を買ったりランチにお金を使ったりしている場合ではありません。戸建てを買いましょう。

空き家をどのように使うか

空き家を貸したり売ったりするには、借り手や買い手がつかなければ、お金になりません。しかし、空き家そのものに自分で住んだり、事業を始めたり、カフェや宿泊施設として使うこともできます。

私は、空き家をリノベーションして自宅兼事務所として使っています。打ち合わせや住宅購入相談などにも活用しています。

もともとフリーのライターだったので、原稿料だけが収入源でした。それが空き家リノベーションの体験後、自分の体験とノウハウを伝えるセミナーや講演を開催したところ、リピート率が高く、講演料やファイナンシャルプランナーとしての相談料など、原稿料以外に2つの収入源ができました。

私のセミナーに参加してくださった東京都に住む40代のある女性は、20代のときに買ったマンションのほかに、結婚後に購入したテラスハウスを所有しています。その後、英会話教室を開きました。

教室はもともとは部屋を借りていましたが、思い切って使えそうな空きアパートを一棟購入。高齢の夫婦が所有していた物件で、管理の手間からか8年もの間、全戸が空室でした。1階にあった2戸の壁を取り壊して1戸にリノベーションし、そこで英会話教室を始め、収入を得ています。

2階の2戸は、これからリフォームして賃貸に出す予定です。この女性は、セミナーで私が話した「建物は築20年で税法上0円同然。土地を買う感覚で箱を買うのだと思って立地で選ぶといいですよ。建物はリノベーションでどうにでも変わるから」という話に感化されたそうです。

土地も視野に入れて検索したところ、この物件が浮上したとのことです。ほかにも、古民家を改装したカフェやバー、小さな民宿など、みなさんも見たことがありませんか。空き家の増加に悩む熱海には、パチンコ屋をリノベーションしたゲストハウス（MARUYA）や証券会社が入っていたビルの1階をリノベーションしたカフェ（CAFE RoCA）があります。どちらも若者で賑わい、新たな人の流れができているように感じました。

これらの例が示す通り、空き家でもアイデアしだいで使い道はいろいろあります。

ゲストハウスMARUYA。元々パチンコ屋だったとは思えない変貌ぶりに驚く。
シングルカプセル4000円ほどで宿泊できる。

実例

デザインがよければ家賃が高くても即入居

香取さんは、中古マンションの区分購入から始まり、自宅用に東京都立川市で空き家を購入。リノベーションして暮らしています。その後、東京都町田市で、投資用の一戸建てを450万円で購入。センスの光るリフォームで、やや高めの家賃設定でもすぐに入居者を決めています。

［香取柄美さんDATA］

・**築年数** 築49年、木造二階建て（町田市玉川学園）、**広さ**：3LDK、75㎡
・**購入額** 450万円、現金（リノベーション費用は日本政策金融公庫で融資）
・**物件情報** 仲介担当者（電鉄系不動産会社）からの紹介
・**リフォーム** 320万円、工務店と一部自分でDIY（工務店は必要に応じ分離）
間取り変更、内装、一部の外装（業者：インプル企画ほか）
・**客付け業者** 東京R不動産、Rストア、DIYP
・**利回り** 表面利回り20％、実質利回り19％

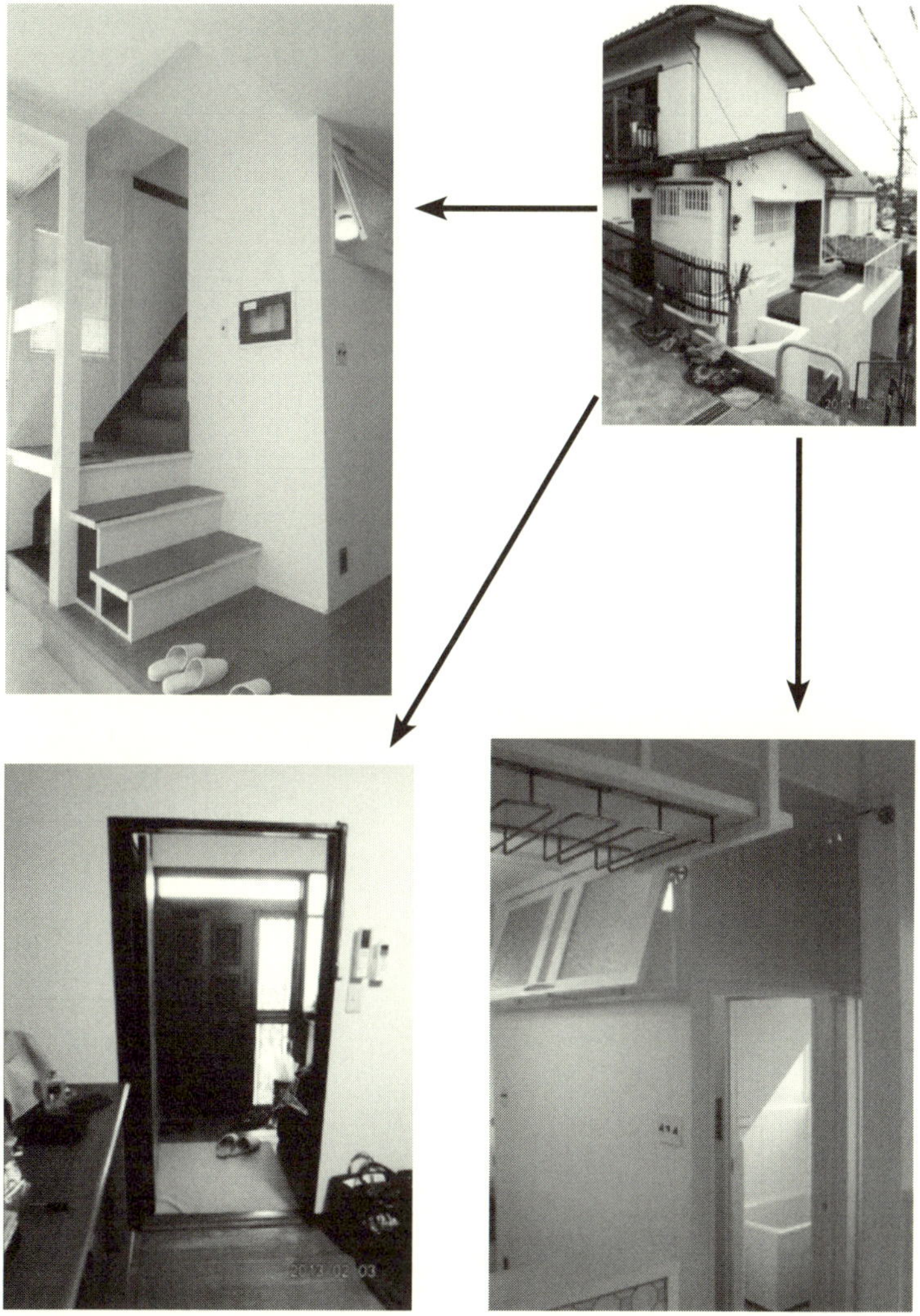

香取さんが再生させた空き家の室内。夫婦でできる箇所はセルフリフォームで

――空き家投資に興味を持ったきっかけは？

不動産業界に転職し、安い不動産と投資の世界を初めて知り、夫とともに自分たちが培ってきた経験と知識（リフォーム、インテリア）を有効に生かせば収入アップできると思ったからです。

――空き家投資の魅力は？

小額から始めることができ、リノベーションしだいで高い競争力をつけて高い家賃で貸せること。サラリーマンや主婦でもチャレンジできます。マンションだと管理費や修繕積立金がかかりますが、戸建てなら管理費も修繕費も引かれないのは魅力です。

――空き家投資の苦労、難しいところは？

物件の購入そのものですね。安い物件を購入してよいかどうかの知識と判断力が問われます。あとはリノベーションのプランの立て方。

――今後の空き家投資の可能性は？

空き家は増えていますが、今後はペット、シェアハウス、ＳＯＨＯ（自宅などの小規模オフィス）、Ａｉｒｂｎｂ、子育て、楽器演奏など、借り手がどう使いたいのかという需要を考慮していくと、戸建てはとてもニーズがあると思います。

――成功するエリアの見分け方は？

どんなエリアでも成功している例はあるので、どこでもできると思っています。一戸建ての場合、１つとして同じものはないので、その佇まいや雰囲気、日当たり、眺望、近隣の環境などで決める判断とセンスが必要でしょう。

――安く物件を仕入れるコツは？

ボーダーラインに妥協しない心、ダメになったら次に行ける潔い切り替えでしょうか。営業担当者が間に入る場合は、まめな連絡で信頼関係を築きます。あと、一般的なマイホーム市場では瑕疵（欠点、欠陥）になる点を値段交渉のカードとして使います。私が今回購入した物件の場合は、古い擁壁があることを値下げ交渉の材料にしました。

――リフォームはどこまでするべきか

まず、見込み家賃や入居者ターゲットを設定して、そこから費用を逆算します。私は、インテリア好きで高い家賃でも借りる入居者をねらうので、プランやコーディネートを夫と綿密に練ります。予算内に収めるためにに、自分たちでできることには労力を惜しみません。ヤフーオークション、通販、リサイクルなどの活用で、材料費を大きくコストダウンできるようになりました。窓サッシでさえ、オークションで安く仕入れます。

――客付けのコツは？

インテリアで差別化しているため、幸いすぐに決まります。客付け担当者と本音で話せる関係ができているので、内覧したすべての方の本気度や要望を教えてもらえることは強みになります。家賃交渉が入っても、属性がよく本気度の高い入居者を担当者と相談して選べるので、後々のトラブル回避にもなります。

――売却はどのように？

次の物件の担保に使いたいので、売却はかなり先の予定にしています。基本的に入居中は保有したままです。入居者との人間関係をずっと大切にしたいと思います。

空き家をどのように片付けるか

空き家をもてあましている人の多くは、家のなかの積もり積もった荷物をなかなか片付けられず、売る段階まで準備ができていません。

そこで昨今増えているのが、空き家の持ち主に代わって片付けをする「片付け代行サービス」です。遺品整理専門の業者も増えています。

遺品整理とは、故人の残した家財などを整理すること。また、そこで人が亡くなった場合、清掃や消臭作業を行い、遺族に代わって家のなかを整理することです。

遺品整理の費用は、部屋のサイズや作業をする人の数によって変わりますが、目安は次のようになります。

［例］
１Ｋ（作業人数１～２名）４万５０００円～
１ＤＫ（作業人数２名）６万５０００円～
３ＤＫ（作業人数３名）15万～20万円

実例

空き家の遺品整理までして1500軒以上の実績

空き家投資を始めるには、空き家の片付けを避けては通れません。人に頼むにしても自分で行うにしても、どんな作業になるのかは覚えておきましょう。実際に空き家の片付けを行っている「遺品整理の埼玉中央」代表、内藤久さんに空き家片付けについて話を聞かせてもらいました。

［**内藤さんDATA**］

さいたま市で遺品整理業を営む「遺品整理の埼玉中央」代表。東京都出身。京王プラザホテル、シェラトン・グランデ・トーキョーベイ・ホテルを経て、2000年にハウスクリーニング業を開業し、実家の遺品整理の経験をしたことで、2005年から遺品整理の事業もスタートした。作業合計は約1650件。著書に『親ともめずにできるこれがリアルな実家の片づけです。』（ディスカバー・トゥエンティワン）がある。

――遺品整理の依頼は増えていますか？

私はハウスクリーニングから始め、２００５年に遺品整理の現場を引き受けました。遺品整理の仕事は、２０１１年に「終活ビジネス」が流行語になり、「エンディングノート」の普及とともに急速に広がりました。空き家増加のグラフと同じ傾向にあるかもしれません。

――どんな依頼が多いですか？

依頼者は40代～50代で、親の遺品整理を依頼する方が多いです。両親が80代ぐらい。親が生きていれば「実家の片付け」ですみますが、亡くなった途端に遺品に変わります。１部屋くらいなら自分で片付けようという気になりますが、数部屋あると、そうもいきません。私自身、親の遺品整理は１週間で終わらず、大変でした。

――遺品整理後の空き家はどうする？

私が受ける現場で３～４年は空き家になったままというのが３～４割です。１６００件だと４８０～６４０軒です。愛着のある実家を手放したくない人が多いのです。でも、空き家は維持するのが難しい。戸建てにはいろいろな問題があります。柿の木があれば、秋には柿がなり、実が落ちれば異臭を放ちます。枯れ葉も大量に出ます。

――空き家を整理するのは難しい？

私たちの時代は大量消費の時代ですが、親世代や高齢者はモノ不足の時代を生きてきました。戦中戦後、食うや食わずの生活をしてきたので、なかなかモノを捨てられない人が多いですね。

家も同じで、手放せない。遺品となると、光景が変わります。20年前にお母さんが来ていた服を捨てようと思ったとき、「私の入学式のときに母が着ていたワンピースだ」と思うと、捨てられなくなってしまいます。

モノは動かせても、人は動かせないと実感しました。空き家に関する法律が施行されましたが、実家が片付いていなければ、空き家は空き家のままというのが現実です。

空き家をどのように管理するか

空き家を抱える人が多い今、空き家の管理や見回りを行う新たなサービスを不動産会社やＮＰＯ法人などが手がけています。

いつかは人に貸したり、自分で住んだり、使ったりしたいと思っているのなら、しっかり管理しておく必要があります。家の状態を保つためには、定期的に換気をして湿気をなくしたり、草むしりをしたり、郵便物を確認したり、雨漏りなどの点検を月に1度はしたりと、やらなければならないことが山積みです。

家族や近所の人に頼めるのなら、空き家になっている家や物件を時々点検してもらうように頼んでみるのもいいでしょう。あるいは空き家管理サービス（月額５０００〜1万円程度）を利用する手もあります。

また、サポートするサービスそのものを始めるのも、今後のニーズ拡大を考えれば、十分にビジネスチャンスがあっていいでしょう。空き家を手に入れたり、親の家が空き家になっていて、しばらく使う予定のない場合は、次のような「空き家管理サービス」を検討してみてもいいかもしれません。

・大和ハウス（月額９０００円〜）
関西エリアからサービスをスタート。グループ会社と連携しながら空き家の管理を行う。今後は首都圏でも展開する予定。

・大東建物管理（月額５０００円〜）
アパート、マンションなどの管理・運営で培ったノウハウで空き家の管理を行う。

・東急リバブル（月額６０００円〜）
売却、賃貸、管理の３つの観点から空き家診断報告書を無料で作成する。

・三井住友トラスト不動産（月額４０００円〜）
見回りを綜合警備保障（ＡＬＳＯＫ）に委託。侵入監視サービスの付帯も可。

・三井不動産リアルティ（月額５４００円〜）
外部企業と連携して、24時間対応の緊急駆けつけや不動産設備専門の対応を行う。

第4章

お金を稼げる家のリフォーム

空き家再生には3つの段階がある

本章では、空き家を買ったあとに直面するリフォームを取り上げます。お金を稼ぐ家にするためのリフォームのコツを見ていきましょう。

家に手を入れるには、段階別に次の3つの方法があります。

①リフォーム………壁紙がはがれたら張り直す、水回りが壊れたら修理するといった修繕工事

②リノベーション…間取りもデザインも大幅に変える大規模改修工事

③建て替え………家を解体して更地にし、新たに家を建てる工事

どれを選ぶかは「予算」と「手を入れる規模」によって決まります。そもそも、リフォームをしなくても人に貸せる状態の物件もあります。第1章で紹介した廃墟不動産投資家の村上さんの場合のように、清掃しただけで入居者が見つかったケースもあります。

壁紙がはがれていたり、天井が汚れたりしている場合、村上さんはホームセンターですだれを購入し、目隠しに使うのだそうです。それだけで、部屋の印象が変わり、住んでみたいと思わせるのです。すだれは、日本らしい風情のある古い木造一戸建てと相性がいいのです。

水回りのように、専門家にまかせないと直らないような不具合があっても、必要最低限の工事を低予算で行えるのなら、リフォームですませたいものです。

ある程度お金をかけ、大幅に手を入れなければならないのなら、リノベーションする方法もありますが、リフォームよりもずっとお金がかかり、構造上できないこともあります。場合によっては建て替えたほうがいいこともあります。

しかしお金をかけすぎては、投資効率が悪くなり、もとを取るのに時間がかかってしまいます。

最近では、低価格で新築一戸建てが建築できる「ローコスト住宅」を売りにするハウスメーカーが増え、800万~1000万円で家が建つようになりました。投資家のなかには、空き家を買って解体・撤去し、1000万円ほどのローコスト住宅を建て、新築戸建てとして賃貸に出す手法をとっている人もいます。

このように、空き家購入後、貸し出すまでにはさまざまな選択肢があるのです。

リフォーム前にプロに診断してもらう

リフォーム費用を抑えることは、投資効率を上げることにつながりますが、リフォームにお金のかからない家を見分けるのは至難の業です。

木造一戸建てにありがちな、シロアリ被害、お風呂場の木の腐食、傾きなどに気づく場合もあります。

最近では、アイフォンのアプリに水平かどうかを計る機能が付いているものもあります。マイホームが欲しいご夫婦の内覧に同行すると、ご主人がアイフォンを床に置いて、水平器のアプリで、「東側に1度傾いているのですが、どうしたらいいでしょうか」と不動産会社に質問する光景も見られます。

このようなとき、アプリを駆使するのもいいのですが、プロの目で家を厳しくチェックしてもらうことをおすすめします。

住宅そのものに欠陥があると修繕費用がかさむため、購入前に住宅診断（ホームインスペクション）を行うといいでしょう。専門業者であるホームインスペクター（建物診断士）に依頼すれば、5万円ほどで家の状態を診断してもらえます。ちなみにホームインスペクターの受験資格はとくにありませんが、建築士、宅建資格保有者が受験するケースが多く、合格率は25％前後。相応の知識が必要です。それぐらい素人にはかなわない専門知識を持っています。

リノベーション業者の無料診断サービスを利用するのも賢い方法です。購入前の中古住宅でも診断してくれます。

私は、築37年の中古一戸建てを買うかどうか迷っていたときに、リノベーション業者に無料診断を依頼しました。診断後に20ページほどの報告書にしてまとめてくれます。目視でチェックしたあと、パソコンで数値を入力し、画面上で家を揺らして、家の強度を調べるなど、とても素人ができるレベルではない診断を行ってくれます。

これにより、私も家を買う前に、耐震状態の悪さや土台にひび割れがあることを知ることができました。

ただ、古い家の場合は、事前にプロの目で診断を受けたとしても、壊して初めてわかることがあります。わが家の場合は、それはお風呂場でした。古い浴槽を取り外すと、浴槽を支えていた木のほとんどが腐っていたのです。リフォーム業者によると、在来工法で建てた木造一戸建てのお風呂の支柱は腐っていることが多いそうです。

信頼できるリフォーム業者の見つけ方

中古住宅のリフォームやリノベーションの難しさは、業者選びにあります。急成長している業種だけに、業者は玉石混交。工事費500万円以下は無資格でも工事ができるため、なかにはとんでもない工事を行う業者もあります。

見るべきポイントは「提案力、技術力、施工力、対応力、実績、アフターケア」です。まずは、候補にあげた業者に住まいの悩みを相談し、間取りやデザインなど、満足いく仕上がりを期待できるかの「提案力」を見ます。次に、その提案を実現できるだけの「技術力」「施工力」があるかを見ます。

さらに職人の数や社内のチェック体制、トラブルがあったときの対処法などの「対応力」が十分かどうかを見ます。そして、「施行実績」やお客様の声などの評判、工事後の「アフターケア」や保証制度もチェックします。

また、「施工実績」がマンションばかりの業者に、一戸建てのリフォームを依頼するのは避けたいものです。一戸建てには耐震補強工事を伴いますが、そこまでできるマ

■相見積もりが取りやすい主な業者紹介サイト

サイト名（運営法人）/URL	業者に課される主な登録条件
ホームプロ（ホームプロ） http://www.homepro.jp/	建設業許可。賠償責任保険などに加入。過去2年間、建築関連法などに違反なし。2年以上の活動実績など
ホームズリフォーム（ネクスト） http://www.homes.co.jp/reform/	建設業許可。賠償責任保険などに加入。過去2年間、建築関連法などに違反なし。2年以上の活動実績など
リフォーム・オウチーノ（オウチーノ） http://www.o-uccino.jp/reform-mitsumori/	建設業許可または建築士事務所登録。賠償責任保険に加入。2年以上の活動実績。リフォーム瑕疵保険に登録など
リフォームコンタクト（LIXIL） http://reform-contact.com/	過去2年間、建築関連法などに違反なし。賠償責任保険などに加入。リフォーム瑕疵保険に登録。店舗があるなど
リフォーム評価ナビ（住まいづくりナビセンター） http://www.refonavi.or.jp/	リフォーム瑕疵保険に登録

ンション系のリフォーム業者は限られているからです。

優良な業者を見極めるには、一定の条件を満たした業者しか登録できない仲介サイトが便利です。希望を記入すれば、同時に数社の相見積もりを送ってくれます。3〜5社ほど相見積もりを取り、比較検討してみるといいでしょう。

お金をかけるところ、かけないところ

空き家をリフォームで再生するためには、「多少お金をかけてでもリフォームするべきところ」と「お金をかけなくてもいいところ」があることをわかっていなければなりません。

お金をかけてでもどうにかしたいというのは、最低限の生活を送れるように、空間を整えることです。水が出る、お湯が沸く、トイレの水が流せるといった最低限の機能は絶対に確保したいところです。

第1章で紹介した上條さんは、客付けする前に、SNSのコミュニティに書き込みをしてニーズを探っています。「トイレが汲み取り式ですが、2万円で借りたい人はいますか?」という問いに対して、「1万円アップしてもいいので、水洗がいいです」と返事がきたことは前述した通りです。

このように事前に調査して、家賃収入とのバランスを見て、どこまでリフォームするのかを決めるのが賢い方法です。

第2章で紹介したまいまいさんや、3章で紹介した黄金ガールさんは、基本の生活レベルを確保するために、壁や床など目に見える部分をきれいにする「表層リフォーム」を行うだけで、入居者を決めています。

しかし、できるだけ安く借りたいというニーズもあるため、手をまったく加えなくても借り手が見つかることもあります。

単身者向けのアパートで、お風呂の給湯が壊れて使えない状態の部屋でも、修理をせずに借り手に銭湯のチケットを渡したら、「家ではお風呂に入らないので、直さなくていいんです。こんな銭湯のチケットまでくれて、ありがとう」と言ってもらえた例もあります。古い木造アパートだと、お風呂がないほうが木の腐食がなく、修繕に手間がかからなくていいという投資家もいました。

前の人が長く暮らしていたために、生活感の残る汚れた壁や床をリフォームしなければと思っていたところ、猫を飼っているご夫婦が、「どうせすぐに猫が汚すから、そのままでいい」と言って、リフォームする前に入居が決まった例もあります。

空き家投資といっても人それぞれで、大きく目に入る「壁と床」や、第一印象となる「外観」にお金をかけて見栄えをよくすることが、入居の決め手になると考えている人もいます。

またある人は、キッチンにこだわって、激安空き家でも3口ガスコンロで魚焼きグリルもあるキッチン台を入れることで、入居者を早く決められると言います。キッチン台の取り替え価格は、ほんの数ヵ月分の家賃に相当するようです。それを考えると安いものかもしれません。

入居者に壁紙を好きに選んでもらったり、DIYで壁を塗ったりしてもいいというオーナーもいます。DIYで家をつくっていく楽しさを味わいたい入居者もいますから、オーナーはリフォームする手間とお金を省くことができ、かつ入居者は自分の好きなようにリフォームできるという利点があります。

長期保有する前提なら、耐震補強をしたり、家が長く持つようにお金をかけてしっかりリフォームすることで、安心して長く住んだり貸したりできます。さらに高く売却できる可能性も出てきます。

費用を安く抑えるためには、「分離発注」といって部分的に得意な業者さんに振り分けて発注したり、「施主支給」といって部材を自分で安く見つけて入手したりといった工夫もできます。

リフォームプランの考え方

空き家投資のなかには、インテリアや建築、不動産に関する仕事をしていたり、それらが好きで、趣味のように楽しんで情報収集をしている人もいます。好きなことですから、自ずと目が養われていくわけです。

できればそのように、日々、センスも情報もアップデートしていきたいものですが、最初のうちは、プロの技を見て、「すてきだな」と思う住まいのアイデアをファイリングしていくことをおすすめします。

例えば、エリアの特性から学生向けに安く貸し出す場合は、20代向けのインテリア雑誌やファッション雑誌をリサーチするなど、ターゲット層が好むインテリアの流行や傾向を学びます。

上條さんは、貿易関連の仕事をしていたことから、インテリア関連の輸入雑誌をコレクションし、「こんな壁紙を使ってみたい」「こんなカラーコーディネートをしてみたい」と、いつかトライしたいデザインのストックをしていたそうです。

優待大家さんのリフォームセンスも、セミナー受講者から「インテリアデザイナーになれるのでは？」との声があがるほど見事です。優待大家さんは、インテリア関係のサイトや建材のネット通販サイトに掲載されている、すてきな壁紙でコーディネートされた部屋の実例写真をストックしたり、使ってみたい壁紙の型番をメモしておいて、実際のリフォームプランを練るときに参考にしているそうです。

また、普段街を歩いているなかで、飲食店や洋品店などで魅力的な内装を見たら、写真を撮っておいて参考にしているそうです。

プロのコーディネート術、しかも壁紙を売るために綿密にマーケティングされた上でのコーディネートです。素人がどう考えても及ばないプロの技を参考にしない手はありません。


このように、インターネットや街を歩いていて見かけた内装をマネることは、誰にでもできそうです。

私が使っているのはグーグルの画像検索です。「アジアンモダン」と入れると、アジアンモダンテイストな内装の写真がたくさん見つかります。「これ、すてきだな」という画像をリフォーム業者との打ち合わせのときに見せると、言葉でいくら説明するよりも、一目瞭然。「なるほど、こうしたいのね」と、こちらの思いをすぐにわかってもらえます。

もう1つ、私がおすすめしているのは、「住宅展示場やショールームに行く」ことです。そこには、各メーカーが最も力を入れている1棟や新製品が置かれていて、最新の設備、間取り、収納アイデアを実際に見て触って使い勝手を試すことができます。「これ、いいな」と思うものをスマートフォンのカメラで撮って、リフォーム業者との打ち合わせで見せるなどして活用します。

空き家を買ってリノベーションすることで、夢のマイホームにしたいという夫婦には、カレンダーの広い裏面にでも、「こんな家に住みたい」という理想の家を象徴する写真や雑誌の切り抜きを貼り合わせてスクラップすることをおすすめしています。

意外にもこのシンプルな方法が功を奏して、夢のマイホームにリノベーションする近道となります。ぜひみなさんも、試してみてください。スクラップしているうちに、インテリアを見る目も肥えてくるでしょう。

お金をかけずに手をかける
ＤＩＹに挑戦

リフォーム費用を抑えるには、ＤＩＹをやってみるのも1つの手です。電気、ガス、水道に関する工事については、資格保持者でないとやってはいけないため、素人は手を出すことができません。

しかし、それ以外のところで壁紙を張ったり、珪藻土を塗ったり床を張るといったことは、プロほどうまくいかないにしても、挑戦してみる価値はあります。

最近では主婦の間でもＤＩＹで壁を塗る人や、棚をつくる人が増えていることから、インターネットでＤＩＹのノウハウを教えたり、ＹｏｕＴｕｂｅで壁紙の張り方などをていねいに解説したりしています。

また、ホームセンターに行けば、工具を無料で貸してもらえたり、わからないことを教えたりもしてもらえます。イケアでは、ネジや金具を無料で持ち帰りできるという、ＤＩＹが好きな人にとっては、大変ありがたいサービスを行っています。

ホームセンターに勤務して、独自にリフォーム技術を磨いた松田淳さんは、著書『元手300万円で資産を永遠に増やし続ける方法』（ぱる出版）のなかで、「6畳のワンルーム30㎡の壁紙を自分で張れば6000円。業者に頼んだら4万～6万円かかる。6回失敗してやり直しても、まだ自分でやったほうが安い」と述べています。

最近では、張ってはがせる壁紙も登場しています。

「壁紙を汚したら大変」「張り替えるのはプロにお願いしなくては」という固定概念を取り払ったほうがよさそうです。

私が驚いたのは「ひとりで塗れるもん（R）」（オンザウォール）という珪藻土です。DIYに適した室内用塗り壁材で、壁紙の上からそのまま塗ることができます。珪藻土がペースト状に練り込まれた状態でペール缶に入っているので、缶を開ければすぐ塗り始められ、半日で6帖間の壁面を塗ることができます。

1人でDIYを行うにはちょっと力不足と感じるなら、友人やDIYをやってみたいという仲間を募って、数名で挑戦してみるのもいいでしょう。

何名かでDIYをすることを「リノベーションパーティ」と呼びます。

住宅情報誌「スーモ」では、2015年に流行する住宅トレンドとしてリノベーションパーティをあげています。自分の所有する物件なら、たとえ失敗してもやり直せばいいのですから、試しに壁を塗ってみるのもおもしろいかもしれません。

実例

団地の一戸をセルフで解体 DIYで壁と床。キッチンは6万円!

空室の目立つ団地の空き家を安く仕入れ、セルフリノベーションして暮らす山本誠さん。バイクのメカニックをしていた手先の器用さを生かして、キッチンまで自作。さらに投資用に団地の物件をを購入し、シェアハウスとして運用し、コミュニティ活性などを支援しています。DIYでどこまでできるのか、空室の目立つ団地をどのように支えていくのか、聞きました。

［山本誠さんDATA］

大学卒業後に滞在したアメリカで、コミュニティを大切にして、最低限必要なものに囲まれたシンプルな暮らしに目覚める。年収200万円台のメカニック時代に、3DKのマイホームを探し、埼玉県で団地の1戸を350万円で購入。300万円でリノベーションを行う。その後、「団地生活デザイン」を立ち上げ、団地で暮らす人を支援。投資用にさらに団地の2戸を買い、1戸はシェアハウスとして運用している。

before

after

山本さんの自宅。築40年の団地をDIYで変身させた 。

山本さんの自宅の一室。シンクは6万円で自作。テーブルやチェア、洋服かけなどの家具もDIY。

――首都圏の団地でも安く買える？

私が購入したのは5年ほど前ですが、最近はどれぐらいの金額で、どのくらいの団地が売られているのかが気になったので、不動産サイトで調べてみました。700万円以下で売られている部屋がある首都圏の団地は70もあり、なかには100万円台で売られているものもありました。

多くは300万～500万円台です。広さは、46㎡から70㎡以上の部屋までいろいろあります。団地の多くはエレベーターが義務づけられない5階建てが多いので、不便な5階の部屋ばかりが売りに出ているかと思いきや、2階の部屋もあります。

――その安く買える空室の立地は？

だいたいは駅から離れています。1980年代のものは9つの団地で、ほかはそれ以前の建物。駅からの徒歩の時間と築年数で価値が判断される不動産の典型です。その団地でどんな暮らしが送れるのかは、金額に反映されません。

もちろん検索して出てくるくらいの情報では判断できません。現地に行って、部屋を見て、いろいろと確認した上で決めるべきです。

――購入した団地はどうＤＩＹしたのですか

電気、ガス、水道など素人が手を出してはいけない部分は、もちろんプロの業者にまかせました。キッチンならガスや水道の配管はやってもらうけれど、それ以外のキッチン台や棚をつくるのは自分です。解体も自分でやります。団地の一室なので、一戸建てとは違い、耐震や構造に手を入れなくてすみます。

――どこでその技術を学んだのですか

インターネットがＤＩＹの先生です。たいていのことはインターネットで調べられます。あとはホームセンターで、工具を借りたり、わからないことを教わったりできるので、助かっています。

――どんなことができるようになりましたか

解体後、パテを盛ったり、珪藻土や漆喰を塗ったり、コーキング（部材の隙間などにパテ状の充填剤をつめること）をしたり、インターネットで安くて質のいい岡山県産の無垢材を見つけ、それを取り寄せて自分で床を張ったり、浴槽も同じように部材を見つけてきて、タイルを張るなどしてつくっていきます。

——ＤＩＹのメリットは？

業者に頼むより安く仕上がることと、自分で作業をした分、愛着が増すところです。

——団地のコミュニティ活動をするまでに至った経緯は？

利益優先の考えではなくて、団地って意外とおもしろいですよ。住むことで多世代と交流ができるし、郊外の団地なら自然も楽しめる。季節ごと、夏祭りをしたり、花見をしたりという楽しみもあります。

子育て世帯にも単身者にも、こんな暮らしがあることを知ってもらいたいと思って、団地を盛り上げて、団地暮らしを広める活動「団地生活デザイン」を始めたわけです。

最初は費用を抑えるために、団地を買ってＤＩＹをしましたが、やってみたら人生が変わりました。丸ごと生き方が変わりました。

人気の検索項目でリサーチ
——喜ばれる付加価値をつける

空き家を賃貸住宅にリフォームするときにぜひ検討したいのが、今の賃貸住宅で人気の設備を備え付けることです。人気の検索項目でリサーチして、入居者に喜ばれる付加価値を付けることが必要になります。

「全国賃貸住宅新聞」（全国賃貸住宅新聞社）が毎年アンケート調査を行い、単身者向け、ファミリー向け物件で、それぞれどのような設備の人気が高いかをリサーチしています。これを参考にするといいでしょう。

単身者向け、ファミリー向けともに人気が高いのは、オートロックやホームセキュリティーが装備された防犯面に配慮している物件です。また、最近の傾向ではインターネット無料、追い炊き機能のある浴槽も人気のようです。

多くの賃貸物件で採用されている、洗面所、トイレ、浴室がひとまとめになった3点ユニットは、オーナー側から見れば、簡単に取り付けられ、工費も安くすむために人気は高いものの、入居者にとっては人気に陰りがあります。

■入居者に人気の設備ランキング（2014年、全国賃貸住宅新聞調べ）

ファミリー向け物件	単身者向け物件
1位　追い焚き機能	1位　エントランスのオートロック
2位　エントランスのオートロック	2位　インターネット無料
3位　インターネット無料	3位　ホームセキュリティー
4位　ホームセキュリティー	4位　浴室換気乾燥機
5位　システムキッチン	5位　ウォークインクローゼット
6位　浴室換気乾燥機	6位　TVモニター付きインターホン
7位　ウォークインクローゼット	7位　宅配BOX
8位　太陽光パネル	8位　防犯カメラ
9位　24時間利用可能ゴミ置き場	9位　洗浄機能付き便座
10位　エコキュート	10位　追い焚き機能

そのため、最近では3点ユニットを分離させ、トイレと浴室の間に壁をはめ込むような工事をしているケースもあります。実際にそうしている賃貸住宅を見て、オーナーの了解を取ってブログに掲載したところ、「どこの工務店で工事をしたのか」「どんな工事をしたのか教えてほしい」という問い合わせが相次ぎ、驚きました。

素人が陥りやすいリフォームの落とし穴

素人がやりがちなリフォームの落とし穴は、大きく分けて2つあります。

1つは、費用を抑えるためにDIYをする場合に、やらなくていいことまでやってしまったり、手を入れすぎてしまって取り返しがつかなくなったりすることです。

例えば、壁紙張りや珪藻土塗りの前には、下処理が必要です。コーキングといって、建物の気密性や防水性を高めるために隙間を埋めなければなりません。

この本に登場する投資家たちにも、初期のころはなんの予備知識もないまま「壁紙を張ってみたい」「珪藻土を塗ってみたい」の一心で材料を買い込み、べたりといきなり塗ってしまった経験があったようです。クッションフロアをインターネットで安く仕入れたものの、いざ張ってみて、つなぎ目がうまくいかず、「プロに頼むべきところはそうすべきだ」と悟った人もいます。

自宅を見せてくれたある人は、壁面をすべて珪藻土にしていました。寝室は職人に塗ってもらい、美しい波目模様になっているのですが、トイレは自分で塗ったため、まだらでなんともいえない手づくりの味わいがありました。

私は前述の山本誠さんの団地で、フローリングの床材を張ったり、コーキングをして珪藻土を塗ったり、洗面所にタイルを張るＤＩＹをやらせてもらいました。やり始めは楽しくてテンションが上がるのですが、がんばってやってもなかなか作業は終わりません。しかも、施工中の室内はエアコンがなく、体験したのは８月末の猛暑日。少し体験しただけなのに、フラフラになり、自分には向いていないと悟りました。ＤＩＹでできることとできないこと、向き不向きを見極めるのも大切です。


もう１つ、素人が陥りやすい失敗は、ついついリフォームにお金をかけすぎてしまうことです。じつはわが家はリフォームに力が入り、１１００万円もかかってしまいました。

耐震補強をし、外壁には雨が降れば汚れが自然に落ちるという新しいサイディングを施し、キッチンも浴室もトイレも真新しいものに取り換えました。トイレはボタンを押さなくても、立ち上がったら自動洗浄してくれるという新機能です。

金額を抑えたつもりが、こだわりすぎてオプションを重ねて値が上がってしまいました。それでも、近所で建売を買う金額の６～７割で収まるからと思っていました。

投資家層には、「マイホームなら好きなだけお金をかけてもいい。ただし、投資物件としては収益にならない」という意見や、「長期保有して売ることを考えれば、最初にお金をかけてでも耐震補強をしっかりしておくのが賢明」という意見があります。

私が依頼した大手のリフォーム業者の料金が飛びぬけて高いわけではなく、私の師匠である不動産会社の社長も、自宅用に空き家を買ってリノベーションするときに、見積もりを数社取り、比較検討した結果、私と同じ業者に依頼しました。大量にリフォームを手がけている分、部材の仕入れ値が安く、耐震補強を標準価格でやってくれるので、意外と割安とのことです。

私もその後、多くのリノベーション業者を訪ねていますが、デザイン料やコーディネート料を乗せて、1000万円近くでマンション1戸の施工をしている業者は何社かありました。マイホームが欲しい層にとっては、新築を買うよりも安く収まるため、ついついリノベーションにお金をかけてしまうのですが、投資となるとワケが違います。

ほかにも、取材をするなかで、物件は100万～300万円で購入したものの、老朽化から見積もりを取ると、リフォームに400万～600万円がかかったケースもありました。利回りを考えると、できる限りリフォーム費用は抑えたいものです。

実例

ボロ投資家の実例を慎重に吟味
リフォームなしでも客付けできる

ボロ空き家投資の先駆者である加藤ひろゆきさんや鈴木ゆり子さんの著書を読み、空き家投資の可能性を感じていたスギヤマダイスケさん。その後、本書の第1章で紹介したパート主婦、舛添菜穂子さんの著書を読んで、空き家投資の可能性を確信。空き家を購入し使えるものは最大現に活用し、リフォームしないで客付けができたといいます。そんなスギヤマさんに、空き家投資の始め方と注意点を聞きました。

［物件DATA］このほかにも所有物件多数

・**築年数** 37年、木造一戸建て、3DK
・**購入額** 270万円、ネットで見つけて通常売買
・**仲介** 地元業者　・**リフォーム** なし（今後発生予定）
・**客付け** 売り主からの紹介
・**利回り** 表面利回り15・5％、実質利回り14・7％

リフォームなしで客付けできた一戸建て。

――空き家投資に興味を持ったきっかけは？

祖父が土建業を営んでいて、家にかかわることを幼少期から身近に感じていました。空き家投資として実際に行動したのは２００９年で、会社の次のビジネスを検討するときでした。いろいろな「大家業」の先駆者の方たちの本やインテリア雑誌を読み、自分が住んでみたいと思う場所かどうか、実際に現地を見て検証しました。

最初は、区分所有したりアパート経営をしたりしていましたが、そのうち空き家を精力的に探し始めました。

――古い戸建て空き家の魅力は？

古い空き家でも、内部を使えるものはそのまま使用して賃貸募集するので、ムダがないことです。私の場合は、リフォームせずに客付けに成功しました。

――空き家投資で成功するコツは？

まず、立地をしっかり検証することです。そのためにも購入する前から近所の人とコミュニケーションをとります。

――空き家投資でエリアの見分け方は？

自分が住んでみたいと思える地域。もちろん遠隔地でも大丈夫です。

――安く物件を仕入れるコツは？

最初にどのくらいの家賃設定にするかを検討し、何をリフォームするのか優先順位をつけてから、それに見合う物件を探すことです。

――リフォームはどこまでしたらいい？

きれいにして使用するところ、設備を新しく交換するところの境目を最初に決めて優先順位をつけます。そして、使えるものは使うことです。

――なかなか入居が決まらないときは？

地元の業者さんに自分の物件を知ってもらうことが大切です。業者さんも、物件をよく知らないと紹介できないので。

――売却のことはどう考えている？

今は考えていませんが、立地重視で選んでいるので、戦略はいつでも立てられると思います。

――空き家投資の今後の可能性は？

空き家を大切に扱うことができれば、可能性は広がるでしょう。例えば、掃除やリフォームを行って魅力的な物件にしたり、そのために積極的に知り合いの大家さんの物件を見せてもらったり、勉強会に出たり、大家さんの行動しだいだと思います。

――空き家投資を振り返っての感想は？

その街のことを深く知れることは楽しいです。自分の所有資産と思うと、愛着がわいてきます。

――空き家投資はどんな人に向いている？

誰にでもできると思います。ただし、途中で投げ出さないこと。投げ出すのであれば、すぐに売却可能なエリア限定で検討するべきです。子育てやペットを飼うのと同じように、家にも愛情を注ぐことができる人が、一番向いているでしょう。

第5章

リスクを減らして空室を運用する

空室・建物・人の三大リスクをうまく回避する

本章では、いよいよ運用開始について取り上げます。継続して利益をあげるために覚えておくことを紹介します。空き家投資が軌道に乗り、安定した利益が出るようになると、その利益に課せられる税金がのしかかってきます。税金対策や法人化についても、一通りの知識を得ておきましょう。

逆に、なかなか軌道に乗らず、頭を抱えてしまうこともあるかもしれません。当然ながら、投資にはリスクがつきもの。空き家投資にも「三大リスク」があります。安定した利益をあげるためにも、改めて、どのようなリスクがあるのか、そのリスクを回避する方法は何か、しっかり理解していきましょう。

①空室リスク

空き家投資で最も怖いのは、空き家を手直ししても、住む人や使う人が見つからず、活用されないまま空室になってしまうことです。

これまでにも述べてきましたが、今後日本の人口は段階的に減り、東京都3つ分の人口が日本からごっそりなくなるわけです。そのため、空き家や空室が増え続けているのです。多少手を加えただけでは、ほかの競合物件と差別化できず、埋もれてしまうこともあります。空き家や空室を埋めるためには、魅力的な物件にしなくてはなりません。

②建物リスク

空き家の多くは老朽化が目立つ建物です。壊れて使えない箇所を補修するには、修繕費用も手間もかかります。また、災害に備えて耐震補強をすれば、大きな負担となります。何も手を打たなければ、大地震で倒壊して人命を奪う恐れがあり、訴訟に発展することにもなります。

例えば、阪神・淡路大震災で多くの建物が倒壊しましたが、なかには所有者が賠償責任を命じられたケースもあります。もし、あなたが所有する物件で、入居者にもしものことがあったら、その責任を負わなければならないのです。

また、家は年々、使えば使うほど、不具合が生じてきます。それに対して、その都度対応していかなくてはなりません。例えば、誰かが格安で手放した空き家は、大規模修繕を迫られる直前に、安くてもいいからと手放したものかもしれません。

安く手に入れることができたと喜んでも、リフォームに莫大なお金がかかることもあります。激安の空き家を手に入れるということは、思わぬ家の欠陥を受け入れることとイコールなのかもしれません。

③人的リスク

空き家投資といっても、株などとは違い、お金を投じるだけでうまく回るものではなく、大家として「賃貸住宅経営」をしていかなくてはなりません。これは、いわば会社を経営する社長のような立場です。

収支計算、人の管理のほかに、常に時代の流行に目を光らせた、入居者を飽きさせない工夫が必要とされ、経営のセンスや手腕が問われます。

最初に客付けがうまくいき、定期的にお金が入ってくるようになったからといって、それを自由に使ってしまっては元も子もありません。

そのお金を元に次の物件を購入したり、税金を支払ったり、修繕に備えて積み立てたりしながら、あなた自身が運営していかなくてはならないのです。

また、入居者のなかには、家賃を滞納する人やトラブルを起こす人もいます。高齢者の単身者も増えており、孤独死する人は年間1万人を超えます。孤独死のあとの対応は物件の所有者がとらなくてはなりません。清掃をして、次の入居者が決まるまでは気を抜けないでしょう。

騒音などの隣人トラブルで裁判沙汰に発展するケースもあります。物件で自殺や殺人があったら、最近では事故物件公示サイト「大島てる」で、どこで、いつ、どんな事件があったのかを、一目瞭然で検索されてしまいます。トラブルのあった物件に住みたいという人は、あまりいないでしょう。

人の心や行動は、他人がどうこうできることではありません。修理をすればどうにかなる建物とは違い、人的リスクはなかなか対応が難しいものです。困った入居者に手をこまねいているオーナーもたくさんいます。

これらの三大リスクにどう対処していくのか、その方法を紹介していきます。

実例

リフォーム詐欺で裁判沙汰に空き家投資にはリスクもある

キックボクサーとして優勝経験もある須山弘孝さん。学生時代に父親を亡くし、傷心の母と高校に入学したばかりの弟を養っていかなくてはならない事態に陥りました。そんなときに須山家を救ったのが、両親が所有していた不動産です。とはいえ、10年以上賃貸経営を行うなかで、数々の辛酸を舐めたといいます。空き家投資の難しさやリスクについて語ってもらいました。

［須山弘孝さんDATA］

元銀行員。元カリスマ不動産投資家の前座講師。職業訓練校で住宅リフォーム科を専攻。職人と一緒に現場入りしてDIYの能力を磨く。川崎・栃木・千葉・横須賀エリアで大家業を営む。親が所有する物件のほかに、自力で手に入れたアパート2棟、戸建て2戸、駐車場18台分を所有。キックボクシングのアマチュアリーグ優勝の経験あり。不動産投資の世界で何度もヘビー級の試練に見舞われたが、乗り越えてきた。

before

after

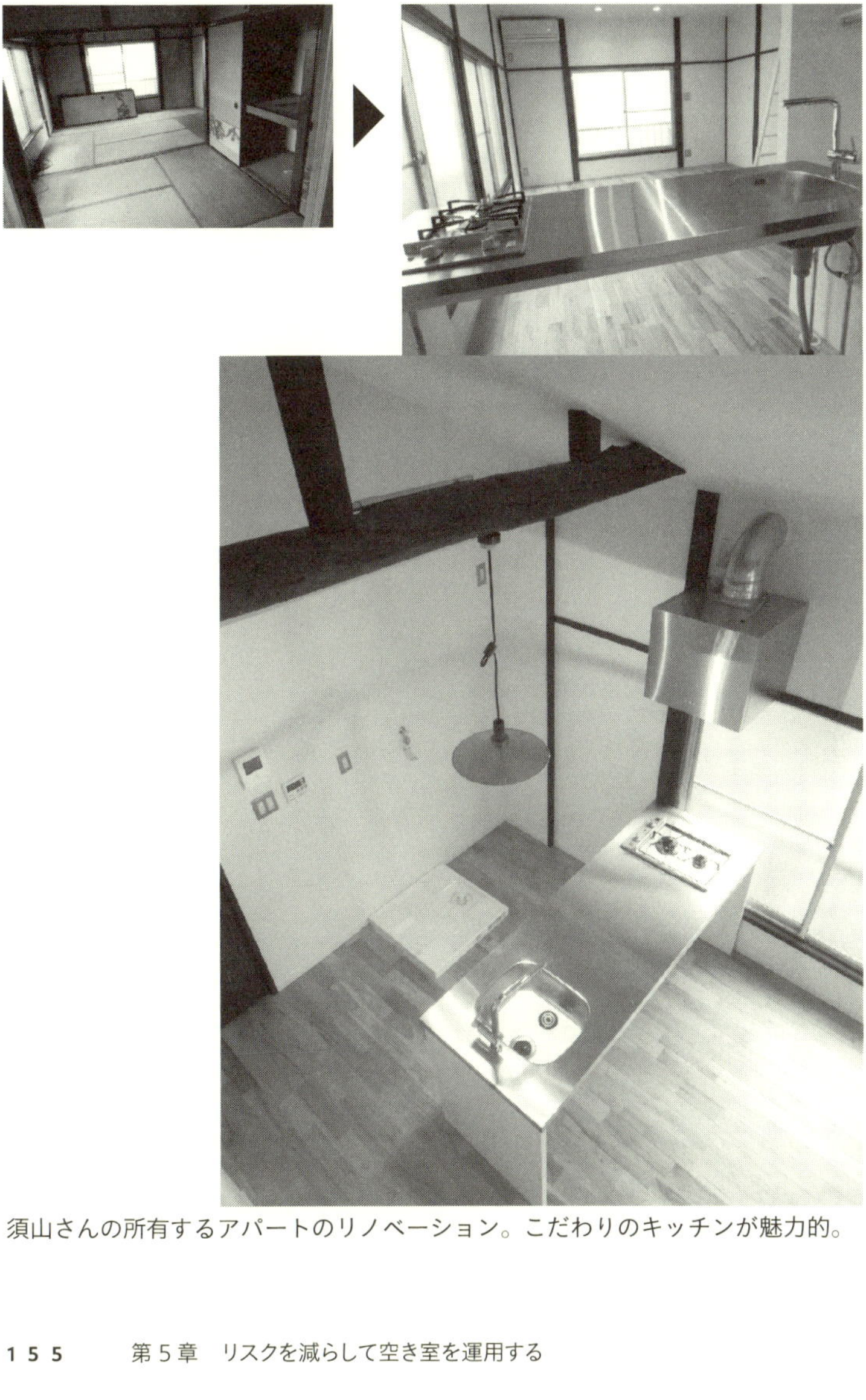

須山さんの所有するアパートのリノベーション。こだわりのキッチンが魅力的。

――不動産投資に出合った経緯は？

大学生のときに父親が亡くなり、父の経営していた会社は倒産しました。そのとき、両親が所有していた不動産があったおかげで家計はなんとかなりました。その後、就職した会社で体を壊して2度入院し、働けない時期もあったのですが、不動産の収入があったので、このときもなんとかなりました。それこそセーフティネットです。

不動産業で自由の権利を手に入れたわけです。当時、株も学んでいたのですが、株は才能のあるなしが大きく作用するもので、私には合わなかったのです。

一方、不動産の場合は、一度取得したノウハウが株よりも長く使えます。一度がんばれば、それが固定収入につながります。

――不動産投資のなかで得意なのは？

僕は戸建てよりアパート、マンションを多く手掛けてきました。セミナー講師時代から、初めて不動産投資をする方には、区分所有での不動産投資をおすすめしています。区分所有は不動産投資の自動車教習所のようなもので、耐震補強や外構造などには手をつけられないので、リフォームが楽な上に、一通りのことが理解できます。個人的には、戸建ては耐震とか柱とか基礎に関する専門的な知識が必要で、目利きでなければならないと思っています。

――所有している戸建てはリフォーム中だとか

現在所有している千葉県の戸建ては、耐震補強や専門工事の絡み・予算管理・専門家のサポートなどで大きなトラブルが起きてしまい、完成のメドが立っていません。今回のリフォームは、大工さんと一緒に現場に入ることでリフォームに関する専門知識を深めたかったのですが、空き家投資の難しさは耐震補強にあります。

かといって、耐震補強をしないまま人に貸すのは危険と考えます。もし地震で倒壊でもしたら、責任を負わされますし賠償問題です。大家さんは入居者の生活の一部を預かっています。できる限り安全な部屋を提供したいと考えています。

――不動産投資で大変な目に遭ったとか

相談したカリスマ的な人気を誇るコンサルタントのすすめで、特別売却物件（201ページ）を取得したのですが、これがどうしようもない物件で、借地権をめぐって所有者との交渉が大変でした。

また悪徳リフォーム業者に未完成のリフォーム工事の全額代金の支払いを迫られ、

自分の建物で立てこもったこともあります。入居日までに工事を終わらせると約束した業者が、突然「間に合わない！」と逃げ出したため、現場に4日間泊まり込み、車中泊の末、建物を完成させたこともありました。

──失敗の経験をどう生かしたのか

リフォームの技術に特化して深く学ぶことができました。オリジナルキッチンを自分でつくれるようになり、一般メーカーなら100万円相当のキッチンが、20万円以下でつくれてしまうのです。

キッチン、ユニットバス、電材、クロス、洗面化粧台、建材を個人の立場ながら1次代理店、2次代理店のポジションで格安で購入できるようになります。何軒もリフォームして再生していくなら、こうした方法も覚えておくといいでしょう。

──勝算のあるエリアや物件をどう見抜くか

スーモやヤフー不動産で、最寄り駅からほぼ同じ徒歩圏内で、広さが同程度の建物の賃料、延べ床面積を全部足して、平米単価を算出し、対象物件の想定賃料を計算します。そして、そこから5％ぐらい値引きしたものを、不動産屋に持っていって相談することをおすすめします。多方面からのアプローチにより、相場賃料を確認していきます。

最後は、そのエリアの街を歩きます。大手のコンビニ、居酒屋、ファミレスがあることが大事です。この3つがないと絶対に買いません。

地方に行くほど、リフォームコストが利回りを圧迫することも覚えておきたいポイントです。都心に近づくほど賃料は高くなりますが、リフォーム代は全国ほぼ同じです。

都内と地方の賃料差は大きく、地方で1000～1500円／㎡（40㎡程度を想定）、大きな戸建ては1000円／㎡以下になることもあります。それに比べ東京の都心部では5000円／㎡を超える場合もあります。

そのため購入価格の目安は、建築面積で考えて、地方で5万円／㎡、東京23区の目安は10万円／㎡としています。

――客付けはどうするのがいい？

隣接するエリアで最低10社以上の不動産業者に仲介してもらっています。不動産業者を入居者との間に挟むことで、退去するときに審判者としてかかわってもらい、原状回復費用でもめるリスクを軽減してもらいます。

母親が管理していた時代には契約関係もいい加減で、2年間も家賃を滞納されていたり、室内が破壊されていたりといった問題があって裁判沙汰になり、もめたことが何度もありました。うまく貸していれば、もめることはないと思います。

――不動産投資のどこが厳しい？

これは事業なので、生きるか死ぬかの厳しい戦いです。絶対に勝てる戦い、つまり自分が自信を持って絶対に勝てる値段やエリアでしか勝負しません。少なくともエリアを間違えなければ、値段はどこかで決まります。

いちばん困るのは、どこまで下げても決まらないときです。リスクや手間がかかることもあるということを踏まえ、それでもがんばれる人にしかできないと思います。

空室リスク対策——中古物件が得意な仲介業者を探す

空き家を再生させたところで、借り手が見つからなければ、お金は一向に入ってきません。客付けをしてもらうには、仲介業者を探します。仲介には、複数の業者に依頼できる「一般媒介」と、1社にまかせる「専任媒介」や「専属専任媒介」の3パターンがあります。

一般媒介なら、複数の業者が入居者を探してくれるというメリットがありますが、専任媒介で扱っている物件を優先されてしまうデメリットもあります。まずは一般媒介でよさそうな業者を見つけ、そのなかで期待に応える働きをしてくれた業者に、次から専任媒介で依頼するのがいいでしょう。

仲介業者のなかには、築年数のたった中古物件をリノベーションしたものを専門に仲介しているところがあります。本書で取材した投資家のうち何人かが、こうしたリノベーション物件の仲介を得意としている業者に自分の物件をまかせていて、「1組目で決めてくれた」「1カ月もたたずに決めてくれた」と話していました。ぜひこのよう

■中古物件・リノベーション物件を得意とする仲介業者（例）

R不動産（http://www.realtokyoestate.co.jp/）
東京R不動産をはじめ全国各地の中古物件のなかでも
特徴のある不動産を紹介している老舗サイト

ハプティック（http://www.haptic.co.jp/）
空室対策をふまえたリノベーションの提案、施工、
入居募集まで行う。

R-STORE（http://www.r-store.jp/）
デザイナーズ物件やリノベーション物件などオシャレな
賃貸物件、売買物件を東京を中心に展開

な仲介業者を見つけて、いい関係を築いていきたいものです。

また、借り手を早く決めるために、家賃を相場よりも下げたり、入居者にプレゼントとしてお米や自転車を付けたり、仲介業者にキックバックとしてお礼を渡したりといった工夫を凝らしている投資家もいます。

のんびりしていたら、「半年たっても空室のままで、焦った」ということにもなりかねません。これらの工夫はマネしたいものです。

市場調査からリノベーション、入居者募集まで行うハプティックに一括で依頼するのも方法の一つです。

空室リスク対策——常識破りの客付け方法を試してみる

仲介業者を通しても、なかなか入居者が見つからない場合は、自分で探してもいいのです。ここでは、本書に登場する空き家投資家の方々のプロとしての客付け方法を紹介しましょう。

①手づくりのチラシや物件情報をポスティング

手づくりのチラシを、各戸の郵便受けに直接投函します。

自分が「貸したい・売りたい」と願って所有している物件より、ややランクが落ちる家に、「家賃○万円、○○付き、駅から徒歩○分、間取り○㎡、ペット可、駐車場あり」と、投函先の家の興味を誘う魅力的なポイントを書き、物件の写真や間取り図を入れたチラシにします。

コピー用紙に手書きでチラシをつくってコピーしたり、パソコンで詳しい物件情報をつくって印刷したりします。つくり方もそれぞれで、これらを何千部、何万部と用意して配布するわけです。

また、物件ごとに名刺やチラシを作成して、会う人ごとに配ったり、第1章で紹介した上條さんのように、街の掲示板にA4サイズのチラシを掲示したケースもありました。「犬の里親を探しています」というチラシの下に、「戸建て、ペット可」というチラシを貼っておくと、問い合わせが結構あるという話には、私も「なるほど、そんな手があったのか」と感心しました。もちろん、街の掲示板には、自治体ごとに規約がありますから、それを守って掲示することになります。

②インターネットで入居者を探す

若い学生や社会人の単身者、ファミリーなど、入居者になりそうな人の多くは、インターネットを駆使して物件を探しているので、こちらもインターネットを活用したいものです。

利用できるサイトには、次のようなものがあります。

・ジモティー（http://jmty.jp/）

この掲示板サイトでは、地元の人に向けて貸したい物件の情報を掲載できます。掲載料は無料です。ジモティーに載せたら、3時間後に入居希望者から連絡があったというケースがありました。

・ミクシィ（https://mixi.jp/）

このコミュニティサイトに書き込んで、入居希望者から連絡を直接もらった人もいます。遠隔地のため内覧に立ち会えなくても、メールや電話で連絡を取り合って、物件を見てもらい、先方が気に入ったら契約書を郵送して、1部返送してもらいます。

所有する空き家ごとに、物件ブログを立ち上げている投資家もいます。ブログに地名と家賃、間取りなどの詳細を明記しておくことで、掲載した物件へのアクセス数を増やしています。

例えば「東京都武蔵野市吉祥寺、駅から徒歩15分、家賃○万円、ペット可、○○ハウス」と書いておきます。すると、吉祥寺でペットと一緒に住みたいと思っている人の多くが、このうちのどれかの言葉を使ってネット検索をしているため、所有する物件にヒットする可能性が高くなるというわけです。

入居者が見つかっても、ほかにも住みたいという希望者がいれば、連絡先を聞いて「ウェイティングリスト」を作成しておきます。最初の入居者が退去すれば、次の順番の人に連絡をすればよく、新しい入居者を探す手間を省けます。

建物リスク対策
――もしもに備えて保険に加入する

地震や台風、土砂災害、竜巻など予期しない自然災害で、建物が被害を受ける可能性があります。また、古い木造のアパートが火災によって、多くの人の命を奪ってしまう忌まわしい事故や事件があります。

もちろん、事前に防災対策をしておくことは大切ですが、それでも「もしものとき」に備えて保険に加入しておけば、急な支払いが発生してもカバーできます。

そこで物件購入と同時に入っておきたいのが、「火災保険」です。銀行から融資を受ける場合には、抵当権を設定されるため、火災保険に強制的に入ることになりますが、現金一括で買った場合にも入っておきたいものです。

その上で、入居者にも火災保険に加入してもらいます。入居者が加入する火災保険と、所有者が加入する火災保険とでは、保障内容が違います。例えば放火された場合は、入居者が入っている保険ではカバーできません。

エリアに応じて、検討しておきたい保険もあります。例えば、海の近くの物件であれば、火災保険に「水害保険」のオプションをつけることも検討するべきです。

また、火災保険と合わせて入っておきたいのが「地震保険」です。地震保険は単独では加入できないため、火災保険のオプションとして加入します。

古い家については、「耐震補強をしたら、保険料は上がるのでしょうか？　それとも下がるのでしょうか？」といった質問をよく受けますが、耐震補強やリフォームの有無で、地震保険の料金は変わりません。地震保険は政府が主体で行っている公共性の高い保険です。どの保険会社で加入しても保険料の設定は一律で、料金は物件のある地域と建物の構造によって変わります。

例えば、今後大地震の恐れのある静岡県は保険料が若干高く、内陸部は安めというように、エリアによって保険料が変わります。築古だから、空き家だからといって保険料が変わるということはありません。

築年数がたった物件を賃貸にする場合は、「施設賠償責任保険」に入っておくと心強いでしょう。これは、構造や管理上の欠陥や不備によって、入居者などに損害を与えてしまった場合に保険がおります。例えば、屋根瓦が落ちてきて住人の頭に当たった、ガラスの破片で通行人がけがをした、といったときに保険金が出ます。

施設賠償責任保険は、年間の保険料は安いのですが、地震保険と同じく単独では加入できませんので、火災保険のオプションとして加入しておくといいでしょう。また「電気的・機械的事故の補償」の特約に加入しておくと、エアコンの故障にも保険が下ります。

ここで注意しておきたいのは、保険金は「経年劣化」ではおりないことがあるということです。いくら保険に入っていても、建ってから年数がたって、空き家になっていたような家は、雨漏りした、床が抜けたといっても、保障の対象にならないケースがあります。

また、入居者にも保険に入ってもらいます。みなさんも家を借りたときには、例えば2年の更新とともに火災保険に入っていたはずです。これは主に、家財に対する保障になります。

万が一、入居者が火の不始末を起こしてしまったり、ガラスを割ってしまったりした場合などは、入居者が入っている保険でカバーできることがあります。

人的リスク対策——家賃保証会社を通す

入居者が決まっても、家賃の振り込みが滞ってしまったら、取り立てるのが一苦労で気が重くなってしまいます。そこで、賃借人が家賃滞納などの債務不履行を行った場合、賃借人に代わって家賃を払ってくれる「家賃保証会社」というのがあります。

このサービスは、もともと保証人を立てられない人のために始まったサービスです。入居希望者は、保証人を立てられなくても、収入や勤続年数などの信用情報が一定の条件を満たしていると判断されれば、部屋を借りられます。所有者にとっては、家賃滞納のリスクをカバーできます。

家賃だけでなく、夜逃げや居座りをした場合の裁判費用や残置物の撤去費用なども負担してくれる場合があります。

その代わり、入居者は最初に家賃の30～１００％を支払う義務があり、更新時にも月額賃料の合計の10％以上、または１万円くらいを支払うのが一般的です。

保証会社を利用することで、入居者の選択肢の幅が広がり、家賃の督促は保証会社が行ってくれるため、取り立てなくてもすみます。

しかし、なかには倒産してしまう保証会社や、悪質な督促を行う保証会社もあるため、見極めが必要です。

専業大家で、7棟100戸を所有する川村龍平さん（195ページ）は、すべての物件を自主管理し、掃除や簡単な補修工事も自分で行っています。家賃の滞納があれば、1日遅れただけでも、すぐに自分で入居者に電話をすることが大事だと言います。入居者すべての連絡先を携帯電話に登録し、連絡をすぐに取れる態勢にしているそうです。

それでもまれに家賃滞納が続く場合があるとのこと。そのため、家賃保証会社を利用しています。滞納者に対しては、滞納が続けば法的手続きを取る旨を伝える「内容証明」を送ったり、それでも効果がない場合は、少額訴訟を起こしたりすることも有効だと言います。

初めての裁判でも、裁判所の事務官に質問をすれば、書類の作成方法などをていねいに教えてもらえるそうです。

また、安定した家賃を得るためには、生活保護の受給者に住まいを提供するのも方法の1つかもしれません。

今回取材したある投資家の話では、生活保護受給者の家賃の支払いは2パターンあり、自治体から大家さんに直接家賃が振り込まれるケースと、生活保護を受給している本人から振り込まれるケースがあるそうです。前者の場合は、自治体から直接振り込まれるため、「滞納がなくてよい」と考える大家さんもいました。

さらに昨今では、増加する外国人の移住者や短期滞在者などと賃貸契約を結ぶ大家さんもいます。これは第6章で紹介する外国人旅行客向けのＡｉｒｂｎｂとは違って、比較的長めの滞在に利用されています。管理会社のなかには、外国人の入居者を専門に仲介するところもあります。

このようなサービスを利用して、いち早く外国人専門のシェアハウスを始めている加藤茂助さんのケースを紹介します。

実例

外国人向けにリノベーション！でも初心者はカモにされやすい

『カモネギ太郎・花子と学ぶ　茂助流不動産投資法』（セルバ出版）の著者加藤茂助さんは、知識不足でカモにされた初心者から多数の相談を受けています。空き家投資のリスクと注意点を聞きます。

［加藤茂助さんDATA］

J‐REC公認不動産コンサルタント。2007年に母親の所有する築53年のアパートを引き継ぎ、大家業を開始。老朽化し競争力の落ちたアパートを外国人向けにリノベーションして高収益物件に再生。その後、経験をもとにコンサルタント業を開始。講演、執筆、空室対策指導を中心に活動中。

・**築年数・仕様**53年。木造アパート（1K15㎡3部屋、4畳半7・2㎡6部屋、風呂なし）

・**リフォーム**　1000万円、外壁塗装、壁ペンキ塗り、畳表替え
シェアハウス化に伴う改装（部屋→ラウンジ）、シャワー設置

・**客付け業者**　サクラハウス（外国人専用業者）

――空きアパートや空き家をどう再生させるか？

親からアパートを引き継いだときは、1階3部屋はすべて空室。2階6部屋のうち3部屋が空室の状態でした。まずは母のやり方をそっくり引き継いで管理業務を一通り体験し、並行して外観と1階全室を中心にリフォームしました。

また、外国人専用のシェアハウスにすることで、差別化をしています。ベッドや冷蔵庫などの必要な家電を備え付け、外国人専門の仲介業者に依頼し、外国人講師や医師などを想定して、やや高めの家賃設定で経営できるようにしました。

――空き家投資の魅力と注意点は？

私は親から継いだ空室だらけのアパートを再生したので、いわゆる空き家投資とは違います。あくまでも参考意見として聞いてください。

空き家投資の魅力は、誰もが見捨てた家に新たな命を吹き込んで再生するもので、社会的意義があることです。また、ローコストで高収益を得る可能性があることです。

注意点としては、ターゲットと家賃の設定が難しいところです。もともと空き家は需要が少ないところにあるので、客付けに苦戦する場合が多くなります。最初の客付けがうまくいっても、長期的に考えるとかなりのリスクがあります。

今、戸建て賃貸や空き家投資について相談を受けることがありますが、メリットだけしか見ていない人が多すぎます。

――例えばどのようなリスク？

戸建て投資や空き家投資は利回りが高いと思われていますが、地方の戸建ての家賃は5万～6万円程度です。

入居期間が長いと言われていますが、転勤で短期に退出するリスクもあります。それから、ペット可として貸すことがほとんどなので、原状回復費用が大きくなり、それまでの儲けが吹っ飛んでしまうこともあります。

実需向けに売る場合は、きちんとリフォームしないと売れないため、その費用を考えると高収益は難しく、更地にして売却する際は建物取り壊しの費用ものしかかってきます。

このようなリスクがあることを、理解しておく必要があります。

――リスクと期待をどう考えればいいか

条件のよい空き家の売り出し数は、今後増えていくでしょうが、それ以上に買い手

加藤さんが再生させたアパートのリフォーム後の様子。室内には外国人入居者のために、備え付けの家具を用意。

が増えるので価格は上昇することが考えられます。競売や任売物件がいい例です。しかし、投資に見合うだけの条件をクリアできる空き家はそう多くなく、空き家投資は一過性のブームに終わる可能性もあります。

――成功するためには？

ずばり需要の有無です。戸建ての需要は、子どもがいるファミリー層が中心となります。ペットを飼いたい人もいます。このような層がたくさんいるエリアを探すことでしょう。

現在は、手当たりしだいに安い物件を探している投資家が多いという印象があります。最初の客付けはできても、次の入居時には本当に大丈夫かと心配になるケースも少なくありません。

需要層が限定されるので、繁忙期を逃したら入居は難しいでしょう。日頃から不動産屋を頻繁に訪問し、人間関係をつくっておくことが大切です。

――売却のメドはどう立てるか

現在の入居者に早めに打診して、直接売るのがベストです。それから売れなかった場合を考えて、更地で売っても儲けが出る物件を買っておくべきです。出口の見えにくい物件を購入してはいけません。

――空き家投資はどんな人に向いているか

初期投資が少ないので、素人でも取り組みやすいのはたしかです。最初の投資として始めるのは勉強にもなるし、損失が出ても少額ですむのがいい点でしょう。しかし、あくまでも現金で買うことが基本ですから、大きな収益を期待することはできません。

空き家再生で感動が味わえる

ここまでは、主に空き家投資のリスクや注意点を紹介してきました。空き家投資の魅力を感じてワクワクしながら本書を読み進めてきた方にとっては、驚くことが多かったかもしれません。しかし、これが空き家投資家が直面するであろう、現実です。

人口が減っていくこと、建物が老朽化で修繕費がかかること、激安空き家には落とし穴がたくさんあること、修繕に思わぬ費用がかかって手がつけられなくなること、雨漏りや木材の腐食、耐震補強……と、自分で買った空き家に手をかけさせられた私としても、実感としてよくわかる話です。

しかし、これらのマイナス要因やリスクを踏まえ、賃貸住宅経営を上手に進めている人は少なくありません。

また、誰も住まないままの空き家が再生され、人が住むようになるということは、家に再び命が宿るということです。私が築37年の空き家を丸3カ月かけてリノベーションしたときは、言葉では表現できないほどの感動がありました。まさかあのボロ空き家が、ここまで美しくよみがえるなんて……と、家の変貌ぶりに驚き、涙したものです。

テレビ番組の「大改造!!劇的ビフォーアフター」(朝日放送)では、家がよみがえる姿に感動して、家族が涙するシーンが毎回のようにあります。あれと同じく、実際にリノベーションをして空き家を再生させてみると、まさに涙なしでは語れないような感動があります。

また、空き家がどうなるのか、行く末を見守っていた近隣の方も喜ぶはずです。工事が終わってブルーシートが外されたとき、隣近所の人たちが口々に「あの家がこんなにきれいになるなんて、驚いた」「治安や景観の面で、空き家のままで心配だった。それがあなたたちが住むことで、街が活気づく」などと声をかけてもらいました。家だけではなく、コミュニティも街並みもよみがえったのです。

リスクを受け入れ、挑戦した先に、空き家活用の喜びや可能性が待っています。お金には替えられない魅力が、空き家投資にはあります。その魅力を、この感動を、ぜひ一人でも多くの人に感じてもらいたいのです。

第6章

空き家活用の達人ワザ

融資を受けて投資を加速させていく

本章では、リスクを踏まえた上で投資効率を加速させている事例とノウハウを紹介します。まずは、投資を加速させるために、融資を受ける方法です。

リスクを回避するためには、もともと空き家になっている実家のように、物件を買わずに活用するのが安全なのですが、それでは投資の範囲が限定されてしまいます。

不動産投資のバイブル『金持ち父さん　貧乏父さん』（ロバート・キヨサキ著、筑摩書房）では、５つの障害として、恐怖心、臆病風、怠け心、悪い習慣、傲慢さをあげています。空き家投資がうまくいっても、これらの障害に負けると、結局は人もお金も離れていってしまいます。

このことを前提に、融資を受けて投資規模を大きくする方法を紹介します。融資を受けると、自己資金だけでは賄えない大きな物件をものにすることができ、投資規模を一気に拡大させられます。その上、自己資金を温存しておけるため、急な修繕が発生したときにも対応できます。

融資を受けるときの金融機関の査定ポイントは、買おうとしている「物件」と、お金を借りようと思っている人の「属性」の2つです。

物件に関しては、担保価値が審査されます。お金を借りる際には、不動産を担保に抵当権をつけ、融資されます。そのときに物件の担保価値、すなわち積算評価がなされるのですが、地方の木造一戸建ての空き家は積算評価が低いと見なされてしまいます。

属性とは、年収、勤務先の信用度、勤続年数、借り入れの有無などです。個人事業主よりも、安定したサラリーマンのほうが属性がよいと見なされ、金利や融資期間を優遇される傾向にあります。

自分で住むための「実需」のために空き家を買うのなら住宅ローンが使えますが、投資として買う場合は使えません。100万～500万円の空き家に融資してくれる銀行は少ないようで、本書登場の投資家には現金一括購入の人が多いようです。

融資を受けている人の融資元で多いのが「日本政策金融公庫」です。国の政策のもとで、民間金融機関を補完する役割を担っているので、属性が多少悪くても借りることができます。ここには銀行のように利潤を追求するばかりでなく、中小企業の支援や創業を助成する役割があるからです。リフォーム費用だけを借りることもできます。

実例

融資で戸建て7つを取得　家賃月収42万円を達成

家賃3万2000円の激安アパートで暮らしながら資金を貯め、2012年に1戸目を取得したサーファー薬剤師さん。その後3年で買い進めた地方の築古戸建てで空き家状態の7戸を買い進め、見事に再生。著書『空き家は使える！ 戸建て賃貸テッパン投資法』（技術評論社）を出版し、注目を集めています。地方の空き家でも融資を効果的に活用し、投資規模を拡大させるコツを教えてもらいます。

［サーファー薬剤師さんDATA］

千葉で薬剤師のパートをしながらネットショップを立ち上げるが、ネット通販の厳しさを味わい断念。その後、不動産投資の勉強を始め、家賃3万2000円の激安アパートで節約生活し資金を捻出。2010年に1戸目を取得。その後3年で7戸の築古戸建てを取得。すべてが200万〜400万円の地方のボロ戸建てで、空き家。低コストでリフォームし、高利回りで貸すのを得意とする。

――地方の空き家投資の感想は？

初心者にこそおすすめなのが、地方の戸建てを中心とした空き家投資です。私が所有している戸建ての大半は、募集から1カ月以内で客付けができています。事前のリサーチは欠かせませんが、需要に対して供給量が圧倒的に足りないエリアがあります。私は、築20年前後の物件を300万〜400万円で購入しています。融資を受けても数百万円。マンションやアパートなら、数千万、数億円の借金を背追うことになります。初心者がそのリスクをコントロールできるとは思えないので、少ない元手で小さく始めて大きくする空き家投資は、初心者にもできてリスクが少ないと感じています。自分がコントロールできる範疇でできるのがいいですね。

――低コストリフォームの秘訣は？

築古物件で怖いのは、リフォームに費用がかかることです。私が好んで買うのは築20年前後の物件です。古すぎても新しすぎてもいけない。築20年ぐらいがちょうどいい。そのまま使える設備が多く、リフォーム費用が抑えられます。

リフォームでお金がかかるのは外壁の修繕です。雨漏りの原因で多いのが外壁塗装の劣化で、放置すればシロアリ被害に発展することもあります。だから外壁をよくチェックします。外壁塗装をするときは足場を組む必要があり、修繕費用が50万～80万円かかりますので、1度でも外壁に手を入れているかどうかをチェックするのです。

水回りの修繕もお金がかかるので、チェックが必要です。

——地方戸建てで融資を受けるコツは？

地方物件は担保価値が低く、民間の銀行ではなかなか融資を受けられません。私の場合、地方銀行の担当者は話を聞くのも面倒そうでした。担保価値が低い上に300万円ほどですから、仕事にならないのでしょう。

それに引き換え、地方の戸建てでも低属性でも、きちんと対応してくれるのが、日本政策金融公庫です。公庫を利用する条件で買い付けを入れ、それが通ったら公庫で融資の打診をします。知人に公庫を利用している人がいたら紹介してもらうと、話が早く進む場合があります。私も人の紹介で連絡を取りました。

まず、「不動産賃貸業を始めるため、○○市の物件を購入予定で、融資を希望している」と伝えます。担当者から申請書、創業計画書、購入予定物件の資料を送るように言われます。その後は面談です。1回の面談で融資を実行してくれることもあります。何度も平日に休みを取れないサラリーマンには助かります。

■サーファー薬剤師さんの所有物件

	購入価格	賃料	表面利回り
1	230万円	5.8万円	30%
2	200万円	5.8万円	34%
3	250万円	6.2万円	29%
4	500万円	8.0万円	19%
5	350万円	5.8万円	19%
6	350万円	5.5万円	18%
7	350万円	5.5万円	18%
8	35万円	5.0万円	171%

戸建て7戸、
共同住宅1戸、
計8戸
満室運営中!

――融資の条件、注意点は？

公庫の条件は「2〜3%の固定金利、融資期間10年」が多いです。地方の戸建てで公庫から借りる場合は、担保価値の高い物件なら別ですが、抵当権が設定されることはありません。私の場合は公庫から融資を4回受けていますが、物件を担保に入れたことはありません。

公庫の担当者から聞いた話では、無担保ローンの限度額は2000万円でした。限度額に達するケースも、物件を買い進めていくとあるでしょう。その場合、担保価値のある戸建てを購入していくことで資産性を上げることができます。また、無担保で購入した物件を利用して、複数を担保に入れて次の物件を買うことができます。

空き家を買うときには、入居者が決まるまではお金が入らないので、措置期間を設定することをおすすめします。そうすると、その間は金利の支払いだけですみます。リフォーム後に客付けをする場合は、3カ月は措置期間を見ておいたほうが安心です。

――融資を使うことのメリットは？

戸建ての場合、1戸ずつ現金で買っていくと、投資規模の拡大に時間がかかります。私は3年で7戸買っていますが、初期の所持金は300万円でした。約3年で7戸買いましたが、現金だけならせいぜい3戸だったでしょう。

また、黒字倒産という言葉があります。不動産投資で利益が出ていても、税金や修繕費が現金で出ていきます。現金をある程度手元に置いておかないと、予期せぬ出費が発生したときに対応できなくなります。

その意味でも、融資を受けることで自己資金にゆとりができます。それに、融資を受けることで、欲しい物件が出たときに、すぐに買う判断ができ、ライバルに先手を打つことができます。

――物件を高く売るコツは？

　戸建ての場合、マイホームとして自分で住む「実需」向けに売ることもできるし、入居者がいれば投資家にそのまま投資用の収益を得るための「収益物件」として売ることができます。その場合、地方の戸建てで築20～30年なら、利回り15％はないと厳しいです。賃料が５万円なら売却価格は４００万円程度。実需に売却する場合は見た目をきれいにすれば５００万～６００万円程度で売れることもあります。

　売るときに注意したいのは、先にあげたマイホームが欲しい「実需」向けに売るなら実需向けの業者へ、投資用の「収益物件」なら収益物件を扱う専門業者に依頼しないと、価格設定がおかしなことになります。そこを間違えなければ、空き家投資の不安もリスクも怖くないでしょう。

税金面で得する方法を考える

前項で紹介したサーファー薬剤師さんは、築古戸建ては短期間で減価償却費を経費計上でき、節税効果が高いと、著書『空き家は使える！戸建て賃貸テッパン投資法』（技術評論社）のなかで述べています。

税法上、木造の一戸建ては築22年を経過すると、減価償却できる期間は4年と決められているので、短期間で経費計上できます。

減価償却とは、費用を1年ごとに計上していくことで、建物だけに適用されます。償却期間は次ページの表のように、建物の耐久性に応じて異なり、新築ならば表中の数字ということになります。中古の場合は、次の式で求めます。

減価償却期間＝（耐用年数―経過年数）＋経過年数×20％

■建物の減価償却

構　造	減価償却期間
木造	22年
軽量鉄骨	27年
重量鉄骨	34年
RC（鉄筋コンクリート）	47年

（※国税庁が定める法定耐用年数）

耐用年数が過ぎているものは、耐用年数×20％です。木造で耐用年数を超えている場合は、22年×20％＝4年となります（2年以上は端数切り捨て）。4年で耐用年数が切れると、経費が減って収入が多くなり、税金が跳ね上がるのです。

注意したいのは、築古戸建ての売却時には譲渡所得に対して課税されるため、減価償却費を多く計上していると、売却のときに利益が多く出てしまい、その分多く課税されることです。

次に、物件を売ったときにかかる税金について、損しないように覚えておきたいことがあります。個人の場合は「譲渡税」がかかり、これは分離課税となります。分離課税とは、ほかの所得とは別に課税をすることです。

ちなみに法人の場合は、短期長期に関係なく、所得に応じて「法人税」が課せられます。個人で行っていた事業を法人で行うことにするメドやメリットについては、次項で説明します。

個人の譲渡税は、所有して5年以下で売る場合は短期譲渡となり、税率が39%もかかります。例えば、300万円の利益が出たとしても、117万円もの税金がかかることになります。これが5年を超えると長期譲渡となり、税率は20%ですみます。

もちろん減価償却費や経費を差し引くなどして利益を抑えることはできますが、売るのは、5年たってからのほうが賢明かもしれません。

安定してきたら法人化を考えてみる

空き家投資が軌道に乗ってきたら、小遣い稼ぎ、副収入獲得という感覚から、本業のビジネスへと発展させていく時期がくるかもしれません。

法人化する目安は、不動産投資が事業規模と認められる「5戸・10室」の物件を所有している段階にきていることです。一戸建ては1戸がアパート・マンション2室に換算されるため、5戸所有で10室と同じということになります。

事業化するには、青色申告で確定申告をする必要があります。そのためには、「個人事業の開業・廃業等届出書」を、居住エリアの税務署に提出します。

青色申告を行うことで、次の3つのメリットがあります。

①複式簿記で細かく帳簿をつけることで、65万円控除が受けられる。
②セミナー参加費や交通費、大家さん仲間との接待交際費といった間接的な経費も計上できる。
③家族の所得を分散し、税制面でのメリットが受けられる。

個人事業主として軌道に乗ってきたら、法人化を検討してもいいでしょう。本書に登場する投資家のなかには、法人化している方もいます。

ただ、築古の空き家の場合、減価償却費が多く出て、修繕費も経費に当てられるため、最初から税金対策を考えて法人化する必要はないかもしれません。

個人の場合の所得税は累進課税で、所得に対して段階的に税率が上がります。例えば、所得が195万円以下なら税率は5％ですが、195万円超〜330万円以下だと10％と倍増し、900万円超〜1800万円以下では33％。1800万円超〜4000万円以下では40％4000万円超となると45％と半分近くが税金になります。

それに対して法人の場合は、400万円以下の実質税率は約21％、400万円超〜800万円以下で約23％、800万円超で約36％です（この数値は東京都の一例。法人税には地方税が含まれ、地方税は自治体ごとに税率が異なります）。

所得が低いうちは個人のほうが税率が低くてすみますが、所得が1800万をゆうに超えるようになれば、法人にしたほうが税率が低く、節税効果が高くなります。

実例

税務と財務、経済の知識を生かし7棟100戸、年収1億円！

元債券トレーダーで、現在は首都圏で7棟、100戸を所有する不動産投資家の川村龍平さん。サラリーマン大家から始め、今では家賃収入で年間6000万円、太陽光発電投資で年4000万円、計年収1億円規模を誇る事業に成長。築古から新築投資までさまざまな投資手法を駆使する投資家約70名で構成する「東京築古組」の代表です。築古業界の事情通である川村氏に、空き家投資の成功のコツを聞きました。

【川村龍平さんDATA】

債券トレーダー時代の2002年、渋谷に一棟ビルを購入してサラリーマン大家をスタート。2005年11月から専業大家、不動産コンサルタントとなり、現在ビル3棟、アパート3棟、駐車場29台、バイク駐車場5台、ワンルームマンション3戸を東京都23区と川崎市に保有。計100戸弱を自主管理。投資家70名ほどで構成する「東京築古組」の代表も務めている。

──ベテラン投資家が空き家投資に注目する理由は？

今、不動産投資が過熱して、投資用物件の価格が高騰しています。販売金額が上っても家賃は上がりませんから、利回りが低くなる一方です。

これまで数多くの不動産投資家の相談に応じ、物件ごとにシミュレーションしてきましたが、不動産投資は利回り12％以上でなければ、やらないほうがいいです。金利が上昇した場合、12％以下では赤字になる可能性が高いからです。

空き家の場合、安く購入できる可能性がありますから、その分高い利回りを出すことも可能です。私が主宰している「東京築古組」の投資家仲間のなかにも、築年数のたった戸建てに注目している人は多いですね。

──空き家投資はリスクも高い？

空き家投資はハイリスクです。空き家になっているのは、何か問題があることが多いですから。そのため利回り20％は欲しいですね。

不動産投資で成功するには、税務と財務、世界経済と日本経済などを踏まえた、キャッシュフロー分析が重要です。長いスパンでお金の流れを読むことが欠かせません。金利上昇したら怖いですよ。3％上昇したらサラリーマン投資家の7割は破綻します。

――空き家をすでに持っている人の場合は？

それならリフォーム費だけですみますから、より高い利回りが期待できますね。持ち家や実家などすでに物件がある場合、利回りはリフォーム代と家賃で考えます。

500万円でリフォームして家賃7万円が見込める場合は、年間家賃が7万円×12カ月＝84万円。84万円÷500万円＝16・8％。何年あれば回収できるかは、100÷16＝6・25で計算できます。6年3カ月で回収できることになります。

――空き家投資で大事なことは？

1つ目は、エリア。これから日本の人口はどんどん減っていきます。都心がいいのですが、地方でも勝てるエリアはあります。どこにでも、人が集まる場所があります。また土地勘があるところでやること。

2つ目は、リフォームにお金をかけすぎないこと。費用を抑えるには、自分が現場監督のようになって、工事を部分的に分けて発注する「分離発注」やインターネットなどで調べて安く材料を仕入れる「施主支給」もやったほうがいい。管理も管理業者

掃除や補修の道具が積み込まれた川村さんの車内と、川村さんが所有する物件の数々

に頼まず、自分でやることです。

私の場合、100戸ありますが、サラリーマン大家時代から自主管理です。入居者から電話があれば、昼休みに電話で対応したり、土日に対応したりしました。携帯電話には100戸の住人、100名の連絡先が入っています。

1日でも家賃滞納をすれば、すぐに電話をします。それでも滞納が続けば、少額訴訟をすることもあります。退去のあとには自分でルームクリーニングを行っています。クルマには、掃除用の道具や設備で壊れたところがあれば補修できるように工具などを常に積んでいます。徹底的にコストを削減すること。このコスト意識が必須です。

——長期的に気をつけることは?

不動産投資の失敗はすぐには表に出ず、5～10年たってから表に出てきます。古い物件は、所有して5年目以降がネックです。途端に税金の支払いが苦しくなることもあります。税金との絡みを計算しながらやらないといけない。

木造の築古物件の場合、築22年を過ぎると減価償却が4年程度で切れます。そうなると経費が減って収入が多くなり、税金が跳ね上がります。その現実がわかっていないから、税金に耐えきれなくなり、黒字倒産というケースも出てきます。どんぶり勘定ではいけません。

売却については？

私の場合、満室にしているため、高く売ることができます。あと3～4年もすれば返済が終わり、無借金経営になります。返済がなくなれば、極端なことを言うと家賃を大幅に下げることもできるので、今後始まるであろう「家賃下落競争」も怖くない。よくキャピタルゲイン（売買によって得られる差益）を含めて不動産投資を考えることが大切だという人がいますが、金利上昇が起き、不動産相場が下落局面になったら、そういう人はダブルパンチを食らって討ち死にすると思います。

とはいえ、不動産は軌道に乗れば無風状態が続き、楽に賃貸経営できるようになります。そこまで持っていくことが大事なのです。

物件選びに競売・公売を考えてみる

不動産の「競売」とは、債権者が裁判所に債権回収の申し立てをして、その不動産を裁判所が売却する手続きです。裁判所のサイトなどで、どんな物件がどんな理由で競売にかけられているのかを、一度見てみるといいでしょう。

「えっ！　こんなに安く家が売られているのか」と思うでしょうが、そこから購入への道のりが大変です。転売業者が安く物件を仕入れるために参加しているので、素人が参入するのはなかなか難しいのです。

本書に登場する投資家のなかには、20回も競売に入札をしたのに、1度も購入できなかった人もいます。勝つために高い金額を提示すれば購入できるかもしれませんが、それでは割に合わず、儲けにならないかもしれません。

ただ、競売のなかには「特別売却」といって、誰からも買いたいという申し出がなかった場合に行われる売却方法があります。これは先着順で決まります。一番手で申し込めば、競売スタート時の金額で購入できるというメリットがあります。買いたい人が複数いれば、くじで決められます。

デメリットは、競売物件すべてにいえることでもありますが、購入後しか物件のなかに入って見ることができないことです。玄関を開けてみないと、家のなかの状態がわからないというのは難点です。さらに現金一括払いで購入しなければならないこと。

競売は難しいのです。特別売却の場合も、業者が見放した物件しか残っていません。しかし、だからといって悲観的に考えずに、根気よく見続けていると、掘り出しものに出合えるチャンスはあります。

【競売物件情報が見られるサイト】

・裁判所による「ＢＩＴ　不動産競売物件情報サイト」

(http://bit.sikkou.jp/app/top/pt001/h01/)

・一般社団法人不動産競売流通協会による「981.jp」(http://981.jp/)

競売のほかに「公売」という方法もあります。公売は、所有者の国税滞納により国税局や税務署が差し押さえている不動産が、入札などの方法で競りにかけられ、最高額で入札した人に売却されるものです。

公売情報は各自治体のサイトで検索できるほかに、多くの公売情報を集めたサイトもあり、物件サイトのなかには公売情報も含めて扱っているところもあります。ただし、税金の滞納者や公売への参加を制限されている人は参加できません。

情報を見ている人が少ないと、買い手がつかず、１００㎡の広い家を首都圏で２４０万円で手に入れたケースもあります。

「インターネット公売」と呼ばれるものもあります。これは、ヤフーオークションを利用して、入札などの方法で公売の手続きを行うものです。

ちなみに公売情報には、不動産のほかに、クルマやゴルフ会員権なども出ている場合があるので、それらを安く買うこともできます。私もたまたま埼玉県のある市のインターネット公売でフランス産ワイン11本やクルマなどが競りにかかっているのを見つけました。インターネット公売の前に、下見見学会が開催されるようですので、みなさんもぜひ公売情報を調べてみてください。意外な発見があるかもしれません。

【公売情報が見られるサイト】

・国税庁による公売情報（https://www.koubai.nta.go.jp/）
・アットホームによる官公庁物件情報（http://kankocho-athome.jp/）

実例

不動産投資20年超のベテランのワザ
特別売却や公売で空き家を激安入手！

東京まで通勤可能な首都圏エリアで、１８０万円、２４０万円という破格の金額で一戸建てを手に入れ、利回り40％超と高収益をあげている中薫道さん。一戸建てのほかに、アパート３棟、マンション区分４戸を所有する専業大家です。築20年以上の築古物件を好んで買い、カラフルな外観や内装で人気物件へと再生。中さんは「特別売却」で掘り出し物件を見つけています。そのノウハウを聞きました。

［中薫道さんＤＡＴＡ］

投資歴20年の不動産投資家。バブル期に投資用の一軒家を購入し不動産賃貸経営を始めるが失敗。その後不動産投資の勉強を続け、アパート経営や築古一軒家の再生に邁進。勤めていた企業を退職し、不動産投資家兼ＩＴコンサルタントとして独立。ブログ「コンサル大家の不動産再生」（http://ameblo.jp/netconsul/）。フェイスブックで会員数１１００名を超えるグループ「築古不動産再生クラブ」を主宰。

――物件選びのポイントは？

物件を選ぶときのポイントの1つ目は、「都内まで通勤できる」首都圏エリアであること。確実にニーズがあります。2つ目は土地値以下の築古戸建てやアパートであること。売却することになっても、ほぼ土地値で売却でき、損することがありません。

――空き家投資の魅力に気づいたのは？

日本の木造一戸建てやアパートに対する扱い、評価はおかしい。欧米では家は60～100年使うのが当たり前です。日本では築20年もたてば建物の評価額は0円同然で、取り壊すのが当たり前。これはおかしいです。欧米のように、リフォームして価値を上げて再生して活用しなければいけません。

――180万円で一戸建てを購入？

競売のなかでも「特別売却」で購入しました。理由は、埼玉県F市で駅から徒歩10分、東京まで通勤1時間以内のためニーズが高いこと。土地14坪、建物50㎡、築36年、再建築可の割に、180万円と安いです。

しかし、トイレはボロボロで汲み取り式、白い外壁に黒いカビがビッシリ生えていて、ここまで家は汚くなるものかと思いました。そこをどうリフォームするかが、大家としての腕の見せどころと考えたわけです。

――180万円の戸建てのなかは？

引き渡し後は、入居者がいないため、鍵を開けて入室しました。すると、誰もいないはずの2階からバタバタと音がしたと思ったら、チューチューという声が聞こえてビックリ。鳥とネズミが住んでいました。さらにトイレが汲み取り式で、猛烈な臭い。幸いなことに水道工事が始まり、ネズミと鳥は自然といなくなり、駆除費用はかからずにすみました。動物駆除の費用は、種類や日程によって金額は変わりますが、ネズミの駆除に10万円くらい、鳥の駆除に3万～10万円かかります。

――リフォームはどうしましたか？

内装は壁紙がはがれ床はブカブカ。戸袋と窓枠が腐食していて、リフォームでは手に負えず、リノベーションが必要になり、顔なじみの地元の大工さんに依頼しました。物件のリフォームやリノベーションを何度か行うと、顔なじみの大工さんができます。壁はこの人、水回りはこの人と個別に発注し、自分が現場監督のような役割をします。

before

180万円で買った一戸建て

after

清潔感あふれる白でまとめ購入額の倍で売却!

初心者なら、電話帳で業者を探すことから始めるといいでしょう。200万円だったリノベーションの見積もりを、自分が現場監督のように毎日立ち会い、できることは協力して150万円に抑えられました。

——ところがすぐに売却されたとか？

私は短気なので、しばらく保有したあと、売却しました。購入額のほぼ倍の値がついたので、売却益はいい収入になりました。うれしかったのは、汚れていた空き家が美しく蘇ったこと。物件がきれいになるのを見るのは、すごく気持ちがいいです。近所の人からも、「きれいになった」「汚臭がしなくなり、感謝している」と声をかけられて、いいことをした気分になりました。

——ほかに、公売でも240万円で物件を手に入れたとか？

先ほどの180万円の物件とは違い、公売で手に入れた物件があります。入札会場に出向くと、入札希望者は私1人。埼玉県H市で駅から徒歩20分、築36年、土地35坪、建物105㎡で再建可の一戸建てを、希望額240万円で購入できました。こちらも先ほどの180万円の物件と同じく、必要最低限のリノベーションをしただけです。

before

公売で240万円で購入した一戸建て

after

外壁の色味を変え、爽やかな印象に

180万円の物件も240万円の物件も、どちらも利回り40％超です。

――リノベーションでこだわるポイントは？

外壁を人が住みたくなる清潔感のある色、例えば淡い水色、グリーン、オレンジ、黄色にすることとです。塗装にはそれほどお金がかからないのに、外壁の印象ががらりと変わり、入居者が決まりやすくなります。この物件は3カ月後に、購入価格の倍ほどで売れました。

――ベテランでも失敗はある？

バブル末期に投資目的で不動産を取得して以来、物件はずっと値下がりしてきました。木造一戸建てを買い、半値以下になったこともあります。スキルもなく始めた失敗投資で、それがトラウマになっています。

それ以来、失敗しない不動産投資のための基準やルールを自分なりに定めています。過去の失敗を忘れず、自分を律しています。最近は、茨城で平屋を購入したり、湘南でサーファー向けに中古のアパートを購入して再生させています。1部屋ずつリノベーションをなじみの工務店と一緒にやって、でき上がったら、入居募集をしています。使ってみたかった壁紙を張るなど毎日新しいことにチャレンジして、やりがいを感じています。

――これから始める方へのメッセージを

私のモットーは土地値より安く物件を買うことです。土地値以下で購入できれば、売るときに土地値では売れるわけで、大きく損をすることはありません。だから割高な物件は購入しません。

誰も買わない市場にあふれている中古の空き家は、曲がったキュウリのようなものです。曲がって形が悪ければ、市場に出せません。しかし、やや難ありの野菜も、ちゃんと料理をすれば、おいしく食べられます。元が曲がっていようが関係ありません。中古再生も私は同じことだと思っています。

誰も見向きもしない、買わないような老朽の空き家も、きちんと手を加えてリノベーションしてあげれば、市場で買い手が見つかるようになるのです。

オリンピックを目前に外国人ニーズが高い

空き家活用の上級者のワザに、外国人向けに貸し出す方法があります。第1章で外国人旅行客が増加していることを述べました。ここでは東京オリンピックとその後に向けて、いかに外国人向けにニーズがあるかということを紹介します。

現在、東京、大阪、京都などの観光地では、すでに外国人観光客の増加によるホテル不足に陥っています。この状況を補うために、最近では「民泊」「Ａｉｒｂｎｂ」や「バケーションレンタル」といった、旅行客向けに短期間、部屋を貸す方法が注目されています。

ただしこれらの方法は、今は旅館業法に抵触する可能性があるとして、法律的にはグレーゾーンにあるとの見方もあります。そこで実際にはどうなっているのかを調べてみました。

１９４８年に制定された旅館業法は、宿泊料をもらって人を宿泊させる営業行為に対して定められています。

民泊やＡｉｒｂｎｂやバケーションレンタルは、たしかに宿泊させてお金をもらうかたちではありますが、「業」として成立するのかというと、疑問があります。旅館がこの法律を守って営業している以上、戸建てやアパートのオーナーが旅館業法に従わずに旅行客を泊めてしまうのはルール違反だと、旅館業法を守っている企業からは強い批判を受けています。

無許可で営業をすれば、旅館業法の罰則規定では6カ月以上の懲役、3万円以下の罰金が科せられます。

日本では、旅館業を経営するものは、都道府県知事（保健所設置市または特別区にあっては、市長または区長）の許可を受ける必要があります。そのため都道府県ごとに、見解が異なる場合が見られます。例えば、大阪府では「民泊」を認める条例案を２０１５年秋に議会に提出し、可決されました。全国初の事例です。

さらに、外国人観光客が増える見込みのある「国家戦略特区」のエリアは、旅館業法の適用除外にする旨が、２０１５年6月30日に閣議決定されています。そのなかで、「インターネットを通じ宿泊者を募集する一般住宅、別荘等を活用した宿泊サービスの提供」について、２０１６年に結論を出すと明記されています。

現在は以上のような様子見の状況ではありますが、すでに外国人を宿泊させているオーナーはいます。例えば千葉では、空き家を、サーフィンの好きな外国人旅行者向けに1泊1万8000円で貸し出したところ、20泊した人がいました。サーフィン大会の実施月には30泊した人もいたといいます。

遊休空き家を活用すれば、このように大きなビジネスになる可能性があるのです。

1LDK以上の空き家の場合、ファミリー向けに貸し出せます。ホテルなら2万2000円の部屋を2部屋とらなければならないところが、2万円で1家族が宿泊できるとしたらどうでしょう。安く泊まれて、喜ばれます。

貸す側としたら、月の3分の2稼動しただけで、1泊2万円×20日＝40万円となります。仮に千葉の郊外で家賃月額5万円で貸していたら、単純にその8倍の儲けとなります。

こうしたレンタルのスタイルは、すでに多くの投資家が始めていますが、当然リスクはあります。例えば、旅行客の少女が12階から転落死したケースがありました。物件内での事故や事件に、所有者はどこまで責任を負うのか、現段階では定める法律がないので、今後検討されていくことでしょう。

Airbnbの活用で世界を呼び込む

「Airbnb」は、サイトを通じて世界190カ国、3万4000を超える都市で、ホストと宿泊者をつなぐサービスです。場所と宿泊期間を検索バーに入力するだけで、世界中どこでも現地色豊かな宿泊施設が探せます。

宿泊を決めるときには、ホストのプロフィール、レビューを参考にしながら、豊富な情報に基づいて判断します。検索結果を、物件タイプ、料金、所在地の条件で絞り込めます。どんな種類の物件でも登録できます。海辺のヴィラであろうと、リビングに敷いたマットレス1枚であろうと、掲載は無料です。ゲストから予約リクエストを送ってもらう方法と、条件を満たすゲストだけ「今すぐ予約」で即座に予約を受け入れる方法があり、選べます。

予約が確定したら、ゲストを迎える準備をします。部屋をきれいにすることから、鍵の受け渡しの段取り、ゲストへの挨拶、近隣エリアの情報を伝えるところまで自分でやります。

日本の空き家は、日本人にとってはもはや興味の対象ではなく、見放されているものです。しかし外国人にとっては、ホテルに泊まるよりも日本の風情ある民家に泊りたいというニーズは高いようで、とくに木造の一戸建てや、和室がある家が人気です。外国人に自宅や所有する物件を貸し出す場合は、外国人向けにインターネットで告知をします。便利な代行サイトもいくつかあります。

しかし、実際に貸し出すためには、主に英語でやりとりをしなければなりませんし、宿泊中に何か問題があったときに、英語で対応する必要が出てきます。もちろん代行会社を通じて行えば、それらの手間は省けるでしょうが、手数料が発生します。

トラブルや言葉の問題などさえクリアできれば、東京オリンピックの２０２０年までにはまだまだ伸びしろのある外国人向け宿泊業は、空き家の有効活用にも役立つビジネスといえるでしょう。

実例

外国人旅行客との交流を楽しみながら稼ぐ

不動産資産6億円を築いた作家で特許翻訳者、不動産投資家の顔を持つ星野陽子さん。いち早くAirbnbに挑戦しています。外国人旅行者とコミュニケーションをとるのはお手のもの。Airbnbを始めて半年ほどで、月に40万円以上の収益をあげることに成功しています。実際にやってみて、通常の賃貸とはどう異なるのかなど、気になる実情を聞きました。

［星野陽子さんプロフィール］

東京都出身。外資系メーカー、シティバンク勤務を経て、フリーの特許翻訳者に。イスラエル国籍のユダヤ人と結婚、ユダヤ的思考を得てから、貯金や投資ができるようになる。資産ゼロから財産を築いた義父から不動産投資を学び、投資物件（6億円）などの資産を築いた。著書『貧困OLから資産6億をつかんだ「金持ち母さん」の方法』（祥伝社）など。

――Ａｉｒｂｎｂを始めたきっかけは？

２人の息子が留学などで家を出たことを機に、一人暮らしを始めたのですが、ふっと1人の時間ができ、寂しさを感じてしまって。それでＡｉｒｂｎｂを通して、世界中の旅行客と触れ合えたら楽しそうだなと思ったのがきっかけです。

――物件はどのようにして探したのか？

実家と、長男の住んでいるマンションに近いところ（東京・城西エリア）で探しました。自宅を兼ねて、駅から近くて、それなりに部屋数があるものを探していました。それで見つけたのが今の物件。駅から徒歩６分。閑静な住宅街にあって、自宅も兼ねているので、自分の住み心地も重視しました。ヤフー不動産で見つけました。購入したのが２０１４年末で、部分的にリフォームしています。

――どのようなリフォームを？

２階建てのアパートで、２階に前のオーナーさんが住んでいて、１階に３つの賃貸の部屋があります。駐車場も４台分ついています。購入後、オーナーさんが退去したので２階は広いリビングルームを２つの部屋にしました。もともとあった２つの個室と、合計で4つの個室を備えた女性専用のシェアハウスにリフォームしています。キッチンなど水回りは共用です。

1階の2DKの部屋ははじめから賃借人がいました。他の2DKは私が住むことにし、残りの広めのワンルーム1戸を貸し出しています。この部屋にはベッドを2つ入れてあるので2人で使うこともできます。

共有の廊下などですれ違ったときに、連泊している方に「わからないことがあったら、聞いてね」「シーツを替えておこうか」などと声をかけて、必要があれば対応するかたちで管理をしています。

――収入はどれくらい？

月に40万円を超えます。例えばワンルームの部屋は、このエリアでは賃貸なら家賃7万円ほど。それがAirbnbだと、1日5000円で26日貸して、5000円×26日で月に13万円の売り上げになります。通常の賃貸の約2倍です。

2階のシェアハウスは、畳の和室や洋室にベッドを置いた部屋など、宿泊客それぞれ好みによって選べるようにしています。四畳半の和室は3000円以下と安めに設定しているのですが、やはり和室は外国人に人気です。

――やってよかった点は？

外国人旅行客の若者たちと話をしたり、喜んでもらえたり、毎日いろんな人と触れ合うことができて楽しいですね。Ａｉｒｂｎｂのサイトでは、宿泊した人がレビューを書き入れるシステムになっているのですが、複数のレビューをもらっていて、それを読んで次の借り手が見つかるという、いい連鎖が続いていることもうれしいですね。

――苦労したところは？

掃除やシーツの洗濯、ベッドメイキング。これは専門の人に有償で頼むつもりです。この施設は駅から徒歩６分の場所にありますが、宿泊客がなかなかたどりつけないようなので、迎えにいく必要があります。住宅地で目印になるようなものがないため、日本人でも迷います。ストリート名や番地が道に標示されている国から来る人たちは、とくにストレスを感じるようです。

それから、宿泊客に見せるファイルには、トラブルが起きないように、「22時以降は静かに」「ペット不可」などの注意事項を掲示しておきます。日本のお菓子やお茶を用意したり、調理器具や冷蔵庫も置いて好きに料理をしてもらうなど、普通の暮らしを楽しめるように心がけています。近くの観光スポットまでの道のりを書いた地図をファイリングして、外国人旅行客に便利な情報をまとめるなどの工夫もしています。

――Airbnbを始めるために必須なことは？

外国人旅行者が多いため、英語ができるにこしたことはないです。ただ、部屋の紹介欄に「日本語だけで対応します」と書いておくとか、運営管理の代行会社を使うという手もあります。オーナー側でしっかりしたルールをつくっておくことですね。

また、ゲストの安全を守るために火災報知器や消火器を設置しています。何か事故があってからでは遅いですから。こうしたことに注意すれば、いろいろな国の方と交流でき、通常の賃貸よりも収入をあげることができるでしょう。

――Airbnbの今後について？

法律的にAirbnbに規制が入る可能性がありますが、そうなったときに他の方法で運用できるようにしておくことも大切です。私の場合は、シェアハウスやファミリー用の賃貸として使えるようにしています。

おわりに

私は、築37年の空き家をリノベーションして暮らし始め、丸5年になります。この間に私の人生は大きく変わりました。空き家を再生する魅力にとりつかれ、価値観の似た人たちとの出会いに恵まれました。

家を再生させ、再び家に命が宿るシーンを目にすると、家が喜んでいるように感じます。この感動を、この喜びを、ぜひ一人でも多くの人に感じていただきたいと思っています。

本書を読まれて、空き家の可能性に目を向け、有効に活用している人たちがいることと、そして、しっかりと利益をあげ、生活の糧にしていることに驚かれたのではないでしょうか。

本書では空き家を、賃し出すだけでなく、自分の住まいにしたり、英会話教室にしたり、旅行客に貸したりと、さまざまな方法で活用する例を紹介してきました。また、空き家投資で成功を収めている話題の投資家、コツコツと実績を積み上げている投資家、相続したアパートを再生させて引き継いでいるオーナーなどの実例を取り上げました。さらに、親の実家や近所の空き家のように身近なところ、身の丈に合ったところから始めるのが大切であることや、リスクについても解説してきました。

どこを開いても、これから空き家投資を始める方に参考になる考え方やノウハウが詰まっています。

人口が減っていく日本では、空き家が増えることは避けられません。しかし、取り壊してしまう前に、有効に使う手立てはないか、いま一度考えたいものです。家は使われるのを待っています。まだ使える家を壊してしまうなんて、もったいない。

日本には江戸時代から続く古民家が今も大事に使われています。そういう家を大事に使う文化があります。先人たちの知恵を見習い、私たちも家を大事に使い続けていきませんか。

本書が、日本全国に急拡大しつつある空き家の有効活用に役立てられることを、強く願っています。最後にこれまで取材に協力してくださった方々をはじめ、多くの方に貴重な体験や悩みをお聞かせいただいたことが、この本を書く最大の支えとなりました。改めて感謝します。

著者

高橋 洋子（たかはし ようこ）
暮らしのジャーナリスト・ファイナンシャルプランナー
暮らし研究所エメラルドホーム代表
1979年岐阜県生まれ。
情報誌の編集、フリーライターを経て現職。空き家をリノベーションし、安くマイホームを購入した経験から、おトクなマネー 情報の研究に目覚め、ファイナンシャルプランナーの資格を取得。講演・執筆・FP相談を通じて、家探しの基本から中古住宅の価値向上とリノベーションの魅力を伝えている。空き家活用に関するセミナー は3年でのべ2000名参加。セミナーは「わかりやすくて、おもしろい。勇気がもらえる」と幅広い世代から好評を得ている。著書『家を買う前に考えたい！ リノベーション』（すばる舎）、『最新保険業界の動向とカラクリがよ〜くわかる本』（秀和システム）。

保有資格：AFP、ファイナンシャル・プラニング技能士2級、住宅ローンアドバイザー、整理収納アドバイザー2級
※空き家リノベーション研究会：http://akiya-renovation.jimdo.com/

100万円からの空き家投資術

2016年1月25日 第1版第1刷発行

著　者　　高橋洋子

発行者　　玉越直人

発行所　　WAVE出版
〒102-0074 東京都千代田区九段南4-7-15
TEL 03-3261-3713
FAX 03-3261-3823
振替 00100-7-366376
E-mail: info@wave-publishers.co.jp
http://www.wave-publishers.co.jp

印刷・製本　萩原印刷

NDC673 223p 19㎝
ISBN978-4-87290-783-4